한자와 국어 실력이 똑똑해지는

3분 고사성어

한자와 국어 실력이 똑똑해지는

3분 고사성어

1판 1쇄 발행 | 2013년 1월 25일
1판 4쇄 발행 | 2021년 3월 2일

엮음 | 다움
그림 | 정윤경
펴낸이 | 정중모
펴낸곳 | 파랑새

등록 | 1988년 1월 21일 (제406-2000-000202호)
주소 | 경기도 파주시 회동길 152
전화 | 031-955-0670
팩스 | 031-955-0661

ISBN 978-89-6155-381-0 73710

어린이제품안전특별법에 의한 제품 표시
제조자명 파랑새 | 제조년월 2021년 3월 | 제조국 대한민국 | 사용연령 7세 이상

한자와 국어 실력이 똑똑해지는

3분 고사성어

다움 엮음 | 정윤경 그림

파랑새

차례

ㄱ

각주구검 · 8 개과천선 · 10 건곤일척 · 12 결초보은 · 14
계륵 · 16 공중누각 · 18 과유불급 · 20 관포지교 · 22
괄목상대 · 24 교언영색 · 26 구사일생 · 28 군계일학 · 30
금상첨화 · 32 금의야행 · 34 기우 · 36

ㄴ～ㅁ

난형난제 · 38 내우외환 · 40 누란지위 · 42 다다익선 · 44
대기만성 · 46 동병상련 · 48 마이동풍 · 50 망양지탄 · 52
맹모삼천 · 54 명경지수 · 56 모순 · 58 문전성시 · 60
미봉책 · 62

ㅂ～ㅅ

배수지진 · 64 백문불여일견 · 66 백미 · 68 백발백중 · 70
백전백승 · 72 부화뇌동 · 74 비육지탄 · 76 사면초가 · 78
살신성인 · 80 삼고초려 · 82 상전벽해 · 84 새옹지마 · 86
수구초심 · 88 수어지교 · 90 순망치한 · 92

故事成語

ㅇ

암중모색 · 94 양상군자 · 96 어부지리 · 98 오리무중 · 100
오십보백보 · 102 온고지신 · 104 와신상담 · 106
용두사미 · 108 우공이산 · 110 유비무환 · 112
이심전심 · 114 일거양득 · 116 일망타 · 118

ㅈ～ㅊ

전전긍긍 · 120 전화위복 · 122 조강지처 · 124
조삼모사 · 126 죽마고우 · 128 중구난방 · 130
지피지기백전불태 · 132 천고마비 · 134 천의무봉 · 136
천재일우 · 138 청천벽력 · 140 철면피 · 142
청출어람 · 144

ㅌ～ㅎ

타산지석 · 146 토사구팽 · 148 파죽지세 · 150
평지풍파 · 152형설지공 · 154 호가호위 · 156
호연지기 · 158 홍일점 · 160 환골탈태 · 162

책머리에

한 가지로 두 가지를 얻는 일거양득

'고사성어(故事成語)'는 옛날에 있었던 일에서 유래되어 관용적(둘 이상의 단어가 결합하여 특정한 뜻을 나타내는 언어 형태)으로 쓰이는 글귀를 말합니다. 그 글귀가 생긴 일, 즉 사건이나 인물, 또는 배경이 실제 있었던 것입니다.

고사성어는 대부분 중국에서 있었던 역사적 사건으로 생겨났고, 한자로 이루어져 있습니다. 이런 한자어는 오래 전부터 우리 언어생활에 자주 쓰여 왔습니다. 우리나라가 한자문화권이었기 때문입니다.

'고사' 즉, 예로부터 전해 내려오는 유서 깊은 일에는 지혜와 교훈이 있습니다. 짧은 한마디로 백 마디 천 마디의 말을 대신해 줍니다. 풍자와 해학이 있고, 깨달음의 진리와 비유가 담겨 있습니다.

이런 고사성어를 제대로 활용하려면 유래된 사건과 인물, 배경을 알아야 합니다. '성어'의 뜻을 정확하게 알아야 하기 때문입니다.

이 책은 한자와 국어 공부를 동시에 할 수 있는, 즉 일거양득을 취할 수 있는 고사성어 책입니다. 짧은 시간에 언제 어디서나 공부의 힘을 키울 수 있으며, 응용할 수 있습니다. 정말 금상첨화이지요.

고사성어는, 한자 급수 시험에도 나오고, 중고교 및 대학 입시 시험에도 많이 출제됩니다. 초등학교 시절부터 고사성어를 익히면 한자는 물론 우리말의 뜻과 의미, 언어에 대한 이해력을 높일 수 있습니다. 또한 글쓰기의 힘을 기를 수 있고, 실생활에 활용할 수 있습니다. 또 고사에 얽힌 이야기를 하다 보면 말하기 실력과 전달력, 즉 발표력이 길러집니다.

지혜는 '사물의 이치를 궁리'하는 데서 얻어진 결과입니다. 그 생각하는 힘을 키워 주는 것이 이 『3분 고사성어』에 담겨 있습니다.

2013년 1월
엮은이 다움

각주구검
刻舟求劍

초나라의 한 젊은이가 배를 타고 강을 건너고 있었습니다. 배가 강 한복판에 이르렀을 때 그만 손에 들고 있던 칼을 떨어뜨리고 말았습니다.

"앗, 이걸 어쩌지? 귀한 칼인데."

젊은이는 안절부절못하고 허둥대다 허리춤에서 단검을 꺼내어 칼을 떨어뜨린 뱃전에 표시를 했습니다.

"칼이 떨어진 자리에 표시를 해 두었으니, 나루터에 내려 찾으면 되겠지."

서둘러 배가 나루터에 닿자, 젊은이는 옷을 벗고 물속으로 뛰어들었습니다. 칼로 표시해 둔 뱃전 밑으로 뛰어든 것입니다.

그러나 칼을 찾을 수는 없었습니다.

이 모습을 지켜보던 사람들은 젊은이의 어리석은 행동을 비웃었습니다.

刻	舟	求	劍
새길 **각**	배 **주**	구할 **구**	칼 **검**

바로 뜻

배에 새겨서 칼을 찾으려고 함

깊은 뜻

칼을 강물에 떨어뜨리자 뱃전에 표시했다가 나중에 그 칼을 찾으려고 한다는 말이에요. 배가 움직였으니 칼이 그 아래 있을 리가 없지요. 그처럼 어리석어 시대의 흐름을 알지 못하거나 융통성이 없는 것을 나타내는 말이에요.

고사성어로 말하기

- 그렇게 각주구검하다가는 발전이 없어.
- "내가 젊었을 땐…." 하고 옛것만 고집하니 각주구검이구나.

비슷한 말

守수 株주 待대 兎토

지킬 **수** 그루터기 **주** 기다릴 **대** 토끼 **토**

그루터기를 지키며 토끼를 기다린다는 뜻으로, 고지식하고 융통성이 없고, 옛것으로 오늘을 바라보려는 태도를 말해요.

개과천선
改過遷善

진나라의 주처는 어릴 적 아버지를 잃고 방탕한 생활을 하였습니다. 걸핏하면 사람들을 때리곤 해 마을 사람들 모두 그를 손가락질했습니다.

어느 날, 그동안 자기의 잘못을 깨달은 주처는 새사람이 되겠다고 결심했습니다. 그러나 아무도 그의 말을 믿지 않고 피하기만 하였습니다. 주처는 자신의 결심을 알리기 위해 마을 사람들이 무서워하던 호랑이를 목숨을 걸고 싸운 끝에 죽이고 마을로 돌아왔습니다. 하지만 아무도 그를 반갑게 맞아 주지 않았습니다.

실망한 그가 육기라는 학자를 만나 자초지종을 이야기하자 육기가 말했습니다.

"굳은 의지로 지난날의 잘못을 고쳐 새사람이 된다는 개과천선이면 자네의 앞날은 달라질걸세."

이에 용기를 얻은 주처는 열심히 학문과 덕을 익혀 마침내 훌륭한 학자가 되었습니다.

改 過 遷 善

고칠 **개** 지날 **과** 옮길 **천** 착할 **선**

바로 뜻

지난날의 잘못을 고쳐 착하게 됨

깊은 뜻

잘못 들어선 길을 버리고 착한 사람으로 다시 태어나겠다는 결의를 실천하여 마침내 이룬다는 말이에요. 공자도 "허물을 고치지 않는 것이 더 큰 허물이며, 허물을 알았으면 고치기를 꺼리지 말라."고 하였지요.

고사성어로 말하기

저 짠돌이 구두쇠가 불우 이웃을 돕다니, 개과천선했군!

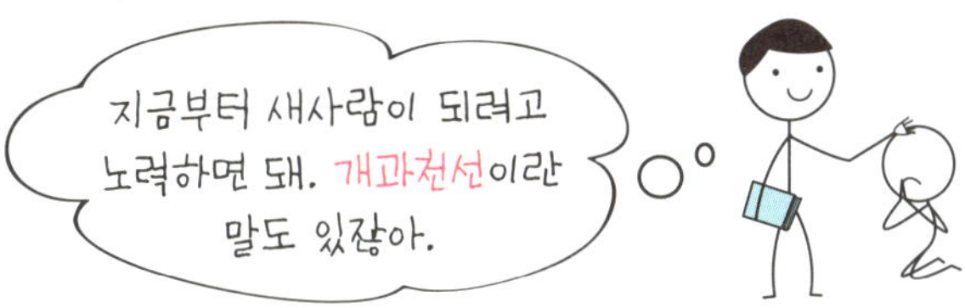

비슷한 말

悔회 過과 遷천 善선

뉘우칠 **회** 지날 **과** 옮길 **천** 착할 **선**

지난 잘못을 뉘우치고 착한 일을 하게 된다는 뜻이에요.

건곤일척
乾坤一擲

초나라의 항우와 한나라의 유방은 여러 해 동안 천하를 두고 치열한 싸움을 벌였습니다. 그러다 홍구라는 곳을 경계로 땅을 둘로 나누고는 싸움을 멈추었습니다. 이에 항우는 군사를 물렸고, 유방도 후퇴하려고 하였습니다.

그때 부하인 장량과 진평이 유방에게 말했습니다.

"지금 초나라 군사들은 몹시 지쳐 있으며 식량마저 바닥났습니다. 지금이야말로 초나라를 쳐부술 기회입니다. 지금 초나라를 그냥 둔다면 반드시 후환을 불러올 것입니다."

이 말을 듣고 결심한 유방은 항우를 쫓았고, 초나라 군사를 크게 이겼습니다. 이에 항우는 죽음을 맞았고, 유방은 천하를 통일하였습니다.

훗날 당나라 시인 한유가 홍구를 지나다가 항우와 유방의 일을 떠올리며 "하늘과 땅을 건 건곤일척의 성패를 겨루다."라는 시를 읊었습니다.

乾	坤	一	擲
하늘 **건**	땅 **곤**	한 **일**	던질 **척**

바로 뜻

하늘과 땅을 걸고 한 번 주사위를 던짐

깊은 뜻

운명과 흥망을 걸고 단판으로 승부나 성패를 겨루는 것을 말해요. 이기고 지는 것을 하늘에 맡기고 어떤 일에 뛰어드는 것을 말하지요.

고사성어로 말하기

승우와 동준이가 회장 선거에서 건곤일척의 승부를 벌였다.

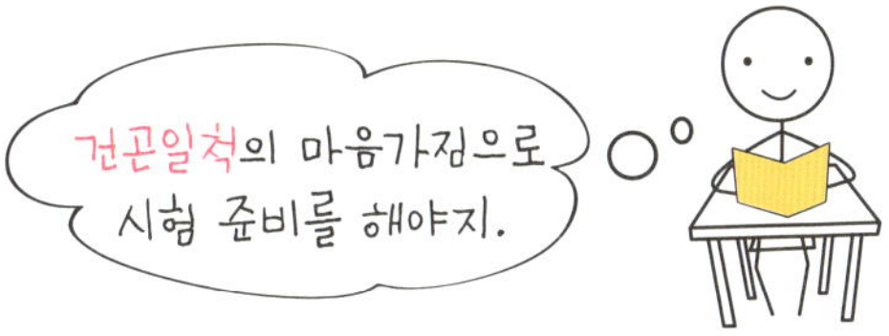

비슷한 말

在재 此차 一일 擧거

있을 **재** 이 **차** 한 **일** 들 **거**

단 한 번으로 담판을 지어, 흥하거나 망하거나 끝장을 낸다는 뜻이에요.

결초보은
結草報恩

진나라의 위무자에게는 아름다운 후처가 있었습니다. 병이 들어 자리에 눕게 된 위무자는 아들 과에게 자기가 죽으면 후처를 다른 사람에게 시집보내라고 말하였습니다. 그러나 숨이 끊어질 듯하자 다시 유언하였습니다.

"내가 죽거든 저 여자를 나와 함께 묻어 다오."

위무자가 세상을 떠나자 과는 고민에 빠졌습니다. 그러다 아버지의 처음 유언을 따르기로 하고, 후처를 다른 사람에게 시집보내 주었습니다.

훗날, 과는 전쟁에 나가 상대편 장군인 두회와의 싸움에서 밀리고 있었습니다. 그때 어디선가 한 노인이 나타나 전장에 자라난 풀을 잡아맸습니다. 그러자 그 풀에 두회가 탄 말이 넘어지면서 과는 싸움에서 이겼습니다.

그날 밤, 과의 꿈에 그 노인이 나타나 말했습니다.

"나는 당신이 시집보내 준 여인의 아비입니다. 딸을 살려 준 은혜를 이제야 갚았습니다."

結	草	報	恩
맺을 **결**	풀 **초**	갚을 **보**	은혜 **은**

바로 뜻

풀을 엮어 은혜를 갚음

깊은 뜻

죽어 혼이 되어서도 다른 사람에게 입은 은혜를 잊지 않고 갚는다는 뜻이에요. 어떤 경우라도 잊지 않고 은혜에 보답한다는 말이지요.

고사성어로 말하기

불 속에서 나를 구해 준 소방관 아저씨께 결초보은해야지.

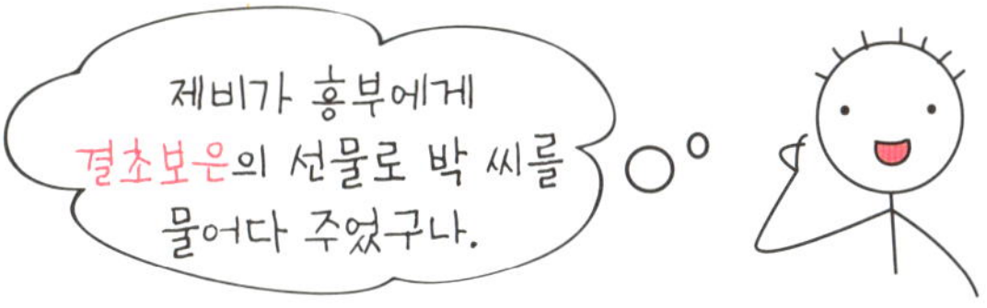

비슷한 말

白백 骨골 難난 忘망

흰 **백** 뼈 **골** 어려울 **난** 잊을 **망**

죽어도 잊지 못할 큰 은혜를 입었다는 뜻으로, 남에게 큰 은혜나 덕을 입었을 때 고마움을 나타내는 말로 쓰여요.

계륵
鷄肋

조조와 유비가 한중 땅을 놓고 싸울 때였습니다. 조조는 군사들이 하나 둘 배가 고파 도망치자 앞으로 나갈 수도, 돌아갈 수도 없는 곤경에 빠져 있었습니다.

밤늦게 부하가 찾아오자 조조는 한마디 건넸습니다.

"계륵!"

부하는 돌아와 다른 부하들과 함께 '계륵'이 무슨 뜻인지를 두고 궁리하였습니다. 그러나 아무도 그 뜻을 알지 못했습니다. 그런데 양수는 짐을 꾸리기 시작했습니다.

어리둥절한 사람들이 묻자 양수가 대답했습니다.

"닭의 갈비는 먹자면 먹을 게 별로 없지만, 버리기는 아까운 것이지요. 전하는 이곳을 버리기는 아깝지만 대단한 땅은 아니라고 생각하고 계시니, 군사를 물리실 것입니다."

양수의 말대로 이튿날, 조조는 군사를 물려 한중을 떠났습니다.

鷄肋

닭 **계** 갈빗대 **륵**

바로 뜻	닭의 갈빗대
깊은 뜻	먹기에는 맛이 없고 버리기에는 아까운 닭갈비라는 뜻이에요. 딱히 쓸모는 없지만 버리기는 아까운 사물이나, 이러지도 저러지도 못하는 곤란한 형편을 뜻하지요.
고사성어로 말하기	나이 들어 '계륵'처럼 되지 않으려면 끊임없는 노력을 기울여야 해. 타지 않던 오래된 자전거를 막상 남 주려니 아까우니, 바로 계륵이로구나.
비슷한 말	兩양 手수 執집 餠병 두 **양**(량) 손 **수** 잡을 **집** 떡 **병** 양손에 떡을 쥐었다는 뜻으로, 가지기도 어렵고 버리기도 어려운 경우를 말해요.

공중누각
空中樓閣

송나라 학자 심괄이 지은 『몽계필담』에 다음과 같은 글이 실려 있습니다.

> 등주는 사면이 바다로 둘러싸여 봄과 여름철이면 저 멀리 하늘가에 성시누대의 모습을 볼 수 있다. 이 고장 사람들은 이것을 해시(신기루)라 이른다.

훗날 청나라 학자 적호는 자신이 쓴 『통속편』에서 심괄의 이 글에 대해 다음과 같이 썼습니다.

> 지금 언행이 허구에 찬 사람을 일컬어 '공중누각'이라고 말하는 것은 이 일을 인용한 것이다.

空	中	樓	閣
빌 **공**	가운데 **중**	다락 **누(루)**	집 **각**

바로 뜻

공중에 세운 누각

깊은 뜻

내용이 없는 글이나 쓸데없는 논의, 현실성이 없는 생각이나 계획, 허무하게 사라지는 근거 없는 가공의 사물 등을 나타내는 말이에요.

고사성어로 말하기

- 오랫동안 공들인 일이 공중누각처럼 쓰러져 버리다니, 정말 안타깝구나.
- 공중누각만 좇지 말고 그럴 시간에 책을 한 번 더 보아라.

비슷한 말

沙[사] 上[상] 樓[누] 閣[각]

모래 **사** 윗 **상** 다락 **누** 집 **각**

모래 위에 세운 다락집이라는 뜻으로, 기초가 약하여 무너질 염려가 있을 때나 실현 불가능한 일을 이를 때 쓰는 말이에요.

과유불급
過猶不及

어느 날, 제자인 자공이 공자에게 물었습니다.

"선생님, 자장과 자하 중 누가 더 현명합니까?"

이전에 공자는 자장과 이야기를 나누다 자장의 허영심을 나무란 적이 있었습니다. 그리고 자하에게는 "열심히 수양하고, 지식을 얻는 일에만 급급해 하지 말라."고 타이른 적이 있었습니다.

이런 자장과 자하를 비교해 달라는 말에 공자는 대답했습니다.

"자장은 지나쳤고, 자하는 미치지 못한다."

이에 자공은 머리를 갸우뚱거리며 되물었습니다.

"그러면 자장이 더 나은 것입니까?"

그러자 공자가 말했습니다.

"지나친 것은 미치지 못한 것과 같다."

過	猶	不	及
지나칠 **과**	오히려 **유**	아닐 **불**	미칠 **급**

바로 뜻

지나친 것은 미치지 못함과 같음

깊은 뜻

무엇이든 지나친 것은 부족한 것만 못하다는 것으로, 중용(지나치거나 모자라지 아니하고 한쪽으로 치우치지도 아니한, 떳떳하며 변함이 없는 상태나 정도)을 지키라는 뜻이에요.

고사성어로 말하기

- 아무리 좋은 약도 지나치게 먹으면 좋지 않아. 과유불급이라는 말도 있잖아.
- 그렇게 많이 먹더니 결국 배탈이 났구나. 과유불급이다.

비슷한 말

小^소 貪^탐 大^대 失^실

작을 **소** 탐낼 **탐** 큰 **대** 잃을 **실**

작은 것을 욕심내다가 오히려 큰 것을 잃는다는 말이에요.

관포지교

管鮑之交

제나라의 관중과 포숙은 어려서부터 우정이 두터웠습니다. 그러나 둘은 자라서 서로 다른 주인을 섬기고 있었고, 포숙이 모시고 있던 환공은 관중을 죽이려 하였습니다.

그때 포숙이 환공에게 말했습니다.

"만약 천하를 주름잡고자 하신다면 저로서는 부족합니다. 관중 같은 큰 인물을 쓰셔야 합니다."

그렇게 재상이 된 관중은 능력을 마음껏 발휘하였고, 제나라를 강력한 국가로 성장시켰습니다.

어느 날 관중은 포숙을 떠올리며 말했습니다.

"젊은 날 포숙과 함께 장사를 할 때 내가 더 많은 이익을 챙겼지만 포숙은 나를 욕심쟁이라 하지 않았다. 여러 번 벼슬길에 나가 그때마다 임금에게 내쫓겼으나 나를 못났다고 하지 않았다. 싸움터에서 도망쳤을 때도 겁쟁이라고 하지 않았다. 나를 낳아 준 것은 부모님이지만, 진정으로 나를 알아준 것은 포숙이었다."

管	鮑	之	交
대롱 **관**	절인 물고기 **포**	어조사 **지**	사귈 **교**

바로 뜻

관중과 포숙의 사귐

깊은 뜻

서로 이해하고 믿고 정답게 지내는 깊은 우정을 뜻해요. 우정이 돈독한 친구 관계, 허물없는 친구 사이를 이르는 말이지요.

고사성어로 말하기

승민이와 성진이의 우정은 관포지교에 비할 만하구나.

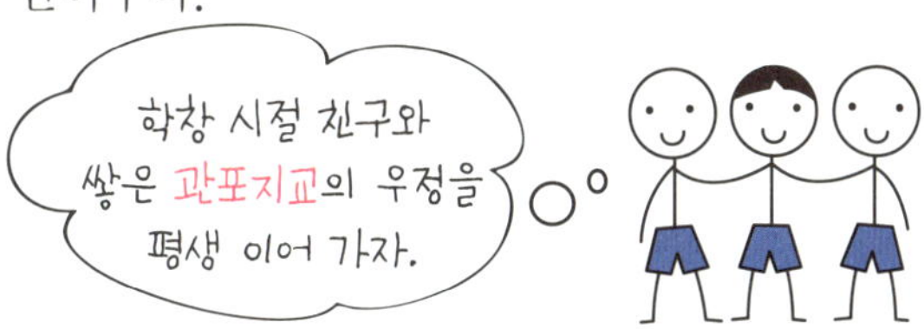

비슷한 말

莫막 逆역 之지 友우

없을 **막** 거스릴 **역** 어조사 **지** 벗 **우**

마음이 맞아 서로 거스르는 일이 없는, 죽음도 같이할 수 있는 친밀한 벗을 말해요.

괄목상대
刮目相對

오나라 손권의 부하 중에 여몽이라는 장수가 있었습니다. 그는 무식했지만 전쟁에서 많은 공을 쌓아 장군이 되었습니다.

어느 날, 손권이 여몽에게 공부할 것을 권했습니다. 그러자 여몽은 날마다 책에서 눈을 떼지 않았고, 전쟁터에서도 책을 놓지 않았습니다.

얼마 후 학식이 뛰어난 노숙이 여몽을 찾아와 이야기를 나누게 되었습니다. 그런데 예전과 달리 여몽이 놀랍게 유식해진 것을 보고 깜짝 놀라 말했습니다.

"아니, 여몽 자네가 언제 이렇게 공부를 했나? 예전의 여몽이 아니로군 그래."

그러자 여몽이 말했습니다.

"선비라면 헤어진 지 사흘이 지나 다시 만났을 땐 '눈을 비비고 대할' 정도로 달라져 있어야 하는 법이네."

刮	目	相	對
비빌 **괄**	눈 **목**	서로 **상**	마주 볼 **대**

바로 뜻	눈을 비비고 대함
깊은 뜻	남의 학식이나 재주가 전과 달리 눈에 띄게 향상된 것을 놀라워하는 말이에요.
고사성어로 말하기	후보 선수이던 동준이가 경기에서 홈런을 치다니, 괄목상대할 일이군.

비슷한 말

日일 就취 月월 將장

날 **일** 나아갈 **취** 달 **월** 장수 **장**

날마다 달마다 성장하고 발전한다는 뜻으로, 학업이 날이 갈수록 진보하는 것을 말해요.

日일 進진 月월 步보

날 **일** 나아갈 **진** 달 **월** 걸음 **보**

날마다 달마다 끊임없이 발전한다는 말이에요.

교언영색
巧言令色

공자는 춘추 시대의 대학자로 유명합니다.
공자는 여러 가지 학문의 틀을 세웠으나 살아 있는 동안 그 뜻을 펼치지 못하고, 많은 제자들에게 가르침을 남겼습니다.
공자는 '인(仁)'을 가장 중요한 덕목으로 여겼습니다.
공자는 『논어』에서 이렇게 말했습니다.
"입에 발린 말과 아첨하는 얼굴빛에는 인(仁)이 적다."
말재주가 교묘하고 표정을 보기 좋게 꾸미는 사람 중에 어진 사람이 드물다는 말입니다.
이 말을 뒤집어 이렇게도 말했습니다.
"강직하고 의연하고 어눌한 사람(강의목눌)은 인(仁)에 가깝다."
의지가 굳고 말수가 적은 사람이 오히려 인과 덕을 갖춘 군자에 가깝다는 것입니다.

巧	言	令	色
교묘할 **교**	말씀 **언**	하여금 **영**(령)	빛 **색**

바로 뜻

교묘한 말과 알랑거리는 얼굴

깊은 뜻

남의 환심을 사기 위해 교묘히 꾸며서 하는 말과 아첨하는 표정을 말해요.

고사성어로 말하기

- 회장 선거 전엔 교언영색하던 은지가 회장이 되고 나니 다른 사람이 되었어.
- 교언영색하는 친구는 가까이하지 않는 게 좋아.

반대말

誠성 心심 誠성 意의

정성 **성** 마음 **심** 정성 **성** 뜻 **의**

참되고 성실한 마음과 뜻을 말해요.

剛강 毅의 木목 訥눌

굳셀 **강** 굳셀 **의** 순박할 **목** 말 더듬거릴 **눌**

의지가 굳고 용기가 있으며, 꾸밈이 없고 말수가 적은 사람을 비유하는 말이에요.

구사일생
九死一生

초나라의 굴원은 지식이 풍부하여 많은 활약을 하고 높은 관직에 올랐습니다. 그러나 모략에 빠져 두 번씩이나 쫓겨나고는 물에 빠져 죽고 말았습니다.

죽기 전 굴원이 지은 「이소」에는 다음과 같은 구절이 있습니다.

"길게 한숨을 쉬고 눈물을 닦으며, 인생의 어려움을 슬퍼한다. 그러나 내 마음이 선하다고 믿기 때문에, 비록 '아홉 번 죽을지라도' 후회하는 일은 하지 않으리라."

이 '아홉 번 죽음'에 대하여 유량주는 이렇게 말했습니다.

"충성과 신의와 곧음과 깨끗함이 있으니, 해(害)를 만나 아홉 번 죽어서 한 번을 살아남지 못한다 할지라도 아직 후회하고 원한을 품기에는 이르다."

구사일생은 유량주가 말한 이 '아홉 번 죽어서 한 번 살지를 못한다'에서 나온 말로, 죽을 고비에서 간신히 살아난다는 것을 말합니다.

九	死	一	生
아홉 **구**	죽을 **사**	한 **일**	날 **생**

바로 뜻

아홉 번 죽을 뻔하다 한 번 살아남

깊은 뜻

죽을 고비를 여러 번 넘기고 가까스로 살아난 것을 뜻하는 말이에요.

고사성어로 말하기

- 우리 할아버지가 전쟁터에 끌려 나갔다 구사일생으로 살아 돌아오셨대.
- 고속도로에서 교통사고가 나서 차에 타고 있던 다섯 명 중 한 명만이 구사일생으로 살았대.

비슷한 말

起기 死사 回회 生생

일어날 **기** 죽을 **사** 돌아올 **회** 날 **생**

죽을 뻔하다 살아난 것을 말해요.

十십 生생 九구 死사

열 **십** 날 **생** 아홉 **구** 죽을 **사**

열 번 살고 아홉 번 죽는다는 말로, 위태로운 상황을 겨우 벗어난 것을 말해요.

군계일학
群鷄一鶴

위진 시대 죽림칠현으로 불리는 일곱 명의 선비가 있었습니다. 이들은 죽림에 모여 노자와 장자의 사상에 대하여 이야기를 나누곤 했습니다. 그런데 그중 벼슬을 하던 혜강이 억울한 누명을 쓰고 처형당하고 말았습니다.

그의 아들 혜소가 성장하자 죽림칠현 중 하나인 산도가 임금에게 혜소를 등용할 것을 청하였습니다. 임금은 산도가 추천하는 사람이라면 믿을 만하다며 혜소를 비서승의 자리에 앉혔습니다.

혜소가 궁으로 들어오자, 한 사람이 감격하여 칠현 중 한 사람인 왕융에게 말했습니다.

"수많은 사람들 속에서 혜소를 보았습니다. 그 늠름한 모습이 마치 '닭의 무리 속에 있는 한 마리 학' 같더군요."

그러자 왕융이 말했습니다.

"자네는 그 아버지를 본 적이 없지만, 그는 혜소보다 훨씬 더 뛰어났다네."

群	鷄	一	鶴
무리 **군**	닭 **계**	한 **일**	학 **학**

바로 뜻 무리 지어 있는 닭 가운데 있는 한 마리의 학

깊은 뜻 많은 사람 가운데서 뛰어난 한 사람을 가리키는 말이에요.

고사성어로 말하기

- 많은 캐릭터 중 뽀로로는 단연 군계일학이지.
- 많은 사람 틈에서 재현이의 외모는 군계일학 격으로 두드러져 보였다.

비슷한 말

出^출^ 衆^중^

날 **출** 무리 **중**

여러 사람 중에 뛰어난 사람을 말해요.

囊^낭^ 中^중^ 之^지^ 錐^추^

주머니 **낭** 가운데 **중** 어조사 **지** 송곳 **추**

주머니 속에 있는 송곳이란 뜻으로, 재능이 빼어난 사람은 숨어 있어도 저절로 남의 눈에 드러난다는 말이에요.

금상첨화
錦上添花

송나라 시인 왕안석이 지은 시에 다음과 같은 구절이 있습니다.

강물은 남원으로 흘러 서쪽 언덕으로 기울고
바람에 영롱한 이슬 아름답구나.
문 앞 버드나무는 옛사람 도잠의 집이고
우물가 오동나무는 옛 총지의 집이라.
아름다운 촛대 술잔 속 맑은 술 따라 마시고
아름다운 노래는 비단 위에 꽃을 더하네….

너무나도 아름다운 노랫소리를 '비단 위에 꽃을 더했다'고 표현한 것입니다.

錦 上 添 花

錦	上	添	花
비단 **금**	윗 **상**	더할 **첨**	꽃 **화**

바로 뜻

비단 위에 꽃을 더함

깊은 뜻

좋은 일 위에 또 좋은 일이 더하여지는 것을 뜻해요.

고사성어로 말하기

민서는 얼굴도 예쁜데 목소리까지 고우니, 금상첨화로구나.

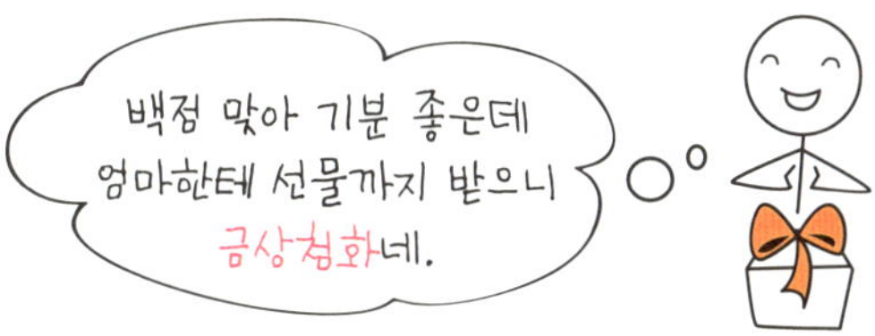

반대말

雪 설	上 상	加	霜 상
눈 **설**	윗 **상**	더할 **가**	서리 **상**

눈 위에 또 서리가 내린다는 뜻으로, 어려운 일이 겹쳐 생길 때 쓰는 말이에요.

금의야행
錦衣夜行

초나라 항우는 진나라를 쳐부수자 화려하기로 유명한 아방궁에 불을 지르고, 진시황의 무덤도 파헤쳤습니다. 그리고 엄청난 금은보화를 가지고 고향으로 돌아가려고 했습니다.

그러자 한 신하가 말했습니다.

"진나라 땅은 사방이 험한 산으로 막히고 땅이 기름지니, 여기에 도읍을 정하고 천하를 다스리시옵소서."

그러나 항우의 눈에는 불에 탄 폐허만 보일 뿐이었습니다.

항우는 어서 고향으로 돌아가 자신의 승리를 자랑하고 싶어 중얼거렸습니다.

"부귀한 몸이 되어 고향에 돌아가지 않는다면 마치 비단 옷을 입고 밤길을 가는 것과 같으니, 누가 알아주겠는가."

錦	衣	夜	行
비단 **금**	옷 **의**	밤 **야**	다닐 **행**

바로 뜻

비단 옷을 입고 밤길을 감

깊은 뜻

남이 알아주지 않거나, 아무 보람 없는 행동을 하는 것을 말해요.

고사성어로 말하기

이 휴대전화는 디자인은 훌륭해졌지만 기능은 예전만 못하니 금의야행이네.

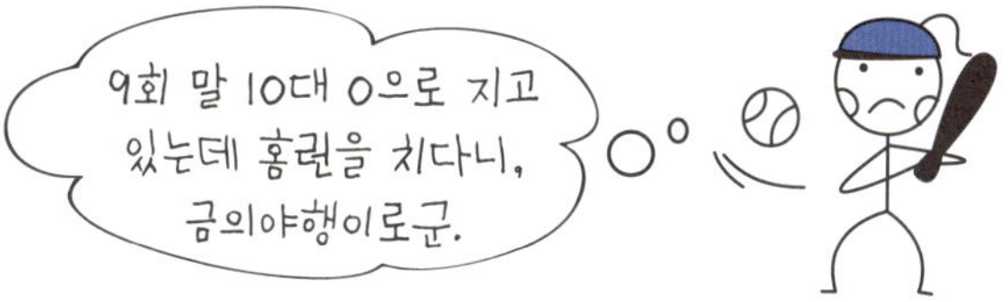

반대말

錦금 衣의 還환 鄕향

비단 **금** 옷 **의** 돌아올 **환** 시골 **향**

비단옷을 입고 고향에 돌아온다는 말로, 출세하여 고향에 돌아온다는 뜻이에요.

기우
杞憂

기나라에 하루 종일 쓸데없는 걱정만 하는 사람이 있었습니다. 하늘이 무너질까, 땅이 꺼질까 하는 걱정에 밥도 먹지 못하고 잠도 자지 못했습니다.

그 모습을 지켜보던 친구가 말했습니다.

"하늘이란 기운이 가득 차 있는 것인데 어떻게 무너져 내리겠는가."

그러자 걱정 많은 사람이 말했습니다.

"그러면 해와 달과 별이 떨어지지 않겠는가?"

"해와 달과 별도 기 속에서 빛나고 있는 것이네. 만약 떨어지더라도 맞아서 다치지는 않지."

"그럼 땅은 꺼지지 않겠는가?"

"땅은 흙덩이가 쌓여 있는 것이지. 우리가 항상 뛰고 구르는 땅이 어째서 꺼질 거라고 생각하는가."

걱정 많은 사람은 이 말을 듣고 비로소 걱정을 버리고 기뻐했습니다.

杞	憂
나라 이름 **기**	근심 **우**

바로 뜻

기나라 사람의 걱정

깊은 뜻

기나라 사람이 하늘이 무너질까 봐 잠도 자지 못하고 음식도 먹지 못했다는 뜻으로, 쓸데없는 걱정을 나타내는 말이에요. 일어날지 알 수 없는 일을 미리 걱정하는 경우에 쓰이지요.

고사성어로 말하기

- 지구가 멸망할 거라는 기우 때문에 아무 일도 하지 않는다니, 정말 어리석구나.
- 교통사고가 날까 두려워 집 밖에도 못 나가는 건 기우에 불과해.

비슷한 말

疑[의] 心[심] 暗[암] 鬼[귀]

의심할 **의** 마음 **심** 어두울 **암** 귀신 **귀**

의심이 생기면 귀신이 생긴다는 뜻으로, 의심하는 마음이 있으면 별일 아닌 것까지 두려워서 불안해진다는 말이에요.

난형난제
難兄難弟

한나라 진식의 집에 어느 날 손님이 찾아왔습니다. 둘은 방에서 이야기를 나누었고, 밖에서는 진식의 아들인 기와 담이 그 이야기를 듣고 있었습니다.

손님이 가고 난 후 진식은 두 아들에게 물었습니다.

"내가 손님과 나눈 이야기를 기억할 수 있느냐?"

형제는 이야기의 내용을 하나도 빠뜨리지 않고 기억하고 있었습니다.

시간이 흘러 기와 담의 아들이 서로 자기 아버지의 학식이 더 높다고 주장하며 다투었습니다.

"그럼 할아버지께 여쭈어 판정하도록 하자."

두 손자는 할아버지인 진식을 찾아와 물었습니다.

그런데 진식도 누가 낫고 못한지 도무지 판단할 수가 없었습니다.

"어허, 누구를 형이라 하기도, 누구를 동생이라 하기도 어렵구나."

難	兄	難	弟
어려울 **난**	형 **형**	어려울 **난**	아우 **제**

바로 뜻

형이라 하기도, 아우라고 하기도 어려움

깊은 뜻

누가 더 낫다고 할 수 없을 정도로 서로 비슷한 것을 말해요. 누가 낫고 못함을 판단할 수 없을 때 쓰지요.

고사성어로 말하기

- 태호와 지원이는 지난번 시험에서 난형난제의 치열한 경쟁을 벌였다.
- 동준이와 승민이의 축구 실력이 난형난제다.

비슷한 말

互 호	角 각	之 지	勢 세
서로 **호**	뿔 **각**	어조사 **지**	형세 **세**

서로 조금이라도 낫고 못함이 없는 것을 말해요.

내우외환
內憂外患

춘추 시대 진나라 여공은 송나라와 동맹을 맺어 오랜 대립과 혼란 속에서 평화를 이루었습니다. 그런데 힘을 겨루던 초나라가 정나라와 위나라를 쳐들어가면서 다시 싸움이 시작되었습니다.

이러한 상황에서 진나라 안에서는 세 개의 가문이 나라를 뒤흔들고 있었습니다. 이 세 개의 가문은 나라 밖의 위기에 대처하는 방법이 각기 달랐고, 각자의 주장을 내세우며 조금도 양보하려 들지 않았습니다. 밖에선 전쟁을 치르고, 안에서는 혼란이 들끓었습니다.

이에 범문자가 말했습니다.

"오직 성인만이 안으로부터의 근심도, 밖으로부터의 재난도 능히 견딘다. 성인이 아닌 우리들에게는 밖으로부터의 재난이 없으면 반드시 안으로부터 일어나는 근심이 있다."

內	憂	外	患
안 내	근심 우	바깥 외	환난 환

바로 뜻

안의 근심과 밖의 환난

깊은 뜻

나라 안의 근심이나 다툼과 나라 밖으로부터의 환난이라는 뜻으로, 나라 안팎에 여러 가지 어려움이 있음을 말해요.

고사성어로 말하기

계속되는 내우외환에 백성들의 살림살이가 어려워졌다.

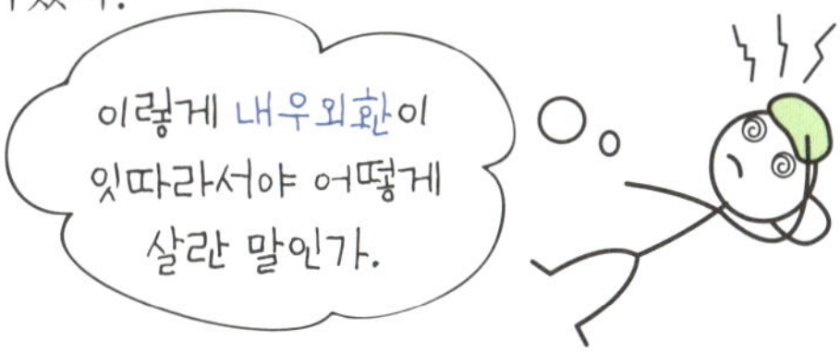

비슷한 말

近	憂	遠	慮
가까울 근	근심 우	멀 원	생각할 려

가까운 곳에서는 근심하고, 먼 곳에서는 염려하는 것을 말해요.

누란지위
累卵之危

말솜씨가 뛰어났던 위나라 범수는 어느 날 누명을 쓰고 옥에 갇히고 말았습니다.

"아, 내 모든 것을 바쳐 어지러운 나라를 바로잡으려 하였거늘…. 차라리 진나라로 가야겠다."

범수는 어렵게 옥에서 탈출하여, 마침 위나라에 왔다가 돌아가는 진나라 사신 왕계를 찾아가 자신의 뜻을 전했습니다.

범수를 데리고 진나라로 돌아간 왕계는 왕에게 아뢰었습니다.

"이분은 천하에 다시 없을, 매우 뛰어난 사람입니다. 이 분은 지금 우리나라가 마치 알을 쌓아 올린 것처럼 위험한 형세라고 하며, 자신을 받아들이면 진나라를 안전하게 지킬 수 있다고 합니다."

진나라 왕은 범수를 신하로 삼았고, 얼마 후 범수는 뛰어난 말솜씨로 위기에 처한 진나라를 구해 냈습니다.

累	卵	之	危
여러 **누(루)**	알 **란**	어조사 **지**	위태할 **위**

바로 뜻

알을 쌓아 놓은 듯한 위태로움

깊은 뜻

층층이 쌓아 놓은 알의 위태로움이라는 뜻으로, 몹시 아슬아슬한 위기를 말해요.

고사성어로 말하기

- 논개는 누란지위의 나라를 구하기 위해 적장을 안고 강에 몸을 던졌대.
- 누란지위에 빠진 나라를 구할 사람은 이순신 장군밖에 없다.

비슷한 말

風풍 前전 燈등 火화

바람 **풍** 앞 **전** 등 **등** 불 **화**

'바람 앞의 등불'이란 뜻으로, 사물이 매우 위태로운 처지에 놓여 있음을 뜻해요.

一일 觸촉 卽즉 發발

한 **일** 닿을 **촉** 곧 **즉** 필 **발**

한 번 닿기만 하여도 곧 폭발한다는 뜻으로, 조그만 자극에도 큰일이 벌어질 것 같은 아슬아슬한 상태를 말해요.

다다익선

多多益善

유방이 항우를 이기고 천하를 통일해 한나라의 황제가 되었습니다. 그러자 많은 공을 세운 한신이 위험하게 여겨졌습니다. 그래서 벼슬을 낮추고 도읍을 벗어나지 못하게 하였습니다.

어느 날, 유방은 한신에게 물었습니다.

"내가 얼마쯤의 군대를 거느릴 수 있다고 생각하느냐?"

"십만 명쯤 거느리실 수 있습니다."

"그럼 자네는 얼마나 거느릴 수 있는가?"

"저는 많으면 많을수록 좋습니다."

"자네는 병사가 많을수록 좋다면서, 왜 고작 십만을 다스리는 내 부하로 있는가."

그러자 한신이 대답했습니다.

"폐하께서는 병사의 장수가 아닌, 장수를 다스리는 장수이기 때문입니다. 장수를 다스리는 폐하의 능력은 하늘이 주신 것이지요."

多	多	益	善
많을 **다**	많을 **다**	더할 **익**	좋을 **선**

바로 뜻	많으면 많을수록 좋음
깊은 뜻	많으면 많을수록 더 좋다는 뜻이에요.
고사성어로 말하기	다다익선이라지만 뭐든지 많아야 좋은 건 아니야. 다다익선이라지 않니? 돈이야 많을수록 좋지.
비슷한 말	多다 多다 益익 辦판 많을 **다** 많을 **다** 더할 **익** 힘들일 **판** 많으면 많을수록 더 잘 처리한다는 뜻이에요.

대기만성
大器晩成

위나라에 최염이라는 유명한 장군이 있었습니다. 그에게는 최림이라는 동생이 있었는데, 외모도 볼품없는 데다 젊어서 출세를 하지 못하여 친척들로부터 무시를 당했습니다.

"최림은 무능하고 모자란 사람이다."

하지만 최염은 동생의 인물됨을 알아보고 이렇게 말했습니다.

"동생아, 큰 종이나 솥은 쉽게 만들지 못한다. 큰 인재도 이와 마찬가지야. 너는 대기만성형의 사람이니 훗날 반드시 큰 인물이 될 거야."

최염은 동생을 아끼고 항상 도와주었습니다.

과연 최염의 말대로 훗날 최림은 임금을 보필하는 높은 벼슬에 올랐습니다.

大	器	晩	成
큰 **대**	그릇 **기**	늦을 **만**	이룰 **성**

바로 뜻	큰 그릇은 늦게 이루어짐
깊은 뜻	크게 될 사람은 늦게 이루어진다는 뜻이에요. 또는 늦은 나이에 성공하는 일을 말하기도 해요.
고사성어로 말하기	대기만성이란 말도 있잖아. 실망하지 말고 더 열심히 공부하렴. 20년의 무명 생활 끝에 이제야 인기를 얻게 되다니, 대기만성 가수로구나.
비슷한 말	大대 才재 晩만 成성 큰 **대** 재주 **재** 늦을 **만** 이룰 **성** 큰 재능을 가진 사람은 늦게 이루어진다는 말이에요.

동병상련
同病相憐

초나라의 오자서는 비무기의 모함으로 아버지와 형이 죽음을 맞자 복수를 꿈꾸며 오나라로 몸을 피했습니다. 오나라의 합려는 사촌 동생인 왕을 죽이고 스스로 왕이 되었는데, 그 일을 도운 오자서에게 높은 벼슬을 주었습니다.

그 해 비무기의 모함을 받고 아버지를 잃은 백비가 오나라로 피해 왔습니다. 그러자 오자서는 백비를 왕에게 추천하여 높은 벼슬에 오르게 했습니다.

그러자 피리라는 관리가 못마땅한 얼굴로 물었습니다.

"백비는 눈이 매와 같고 걸음걸이는 호랑이와 같아 사람을 해칠 얼굴이오. 그런데 왜 그런 인물을 추천하였습니까?"

"'하상가(河上歌)'에 같은 병에는 서로 불쌍히 여겨 서로 걱정하고 구한다는 말이 있지 않습니까. 나와 처지가 같은 백비를 돕는 것이 당연하지요."

同	病	相	憐
한 가지 **동**	병 **병**	서로 **상**	불쌍히 여길 **련**

바로 뜻

같은 병을 앓는 사람끼리 서로 불쌍히 여김

깊은 뜻

어려운 처지에 있는 사람끼리 서로 가엾게 여겨 동정하고 돕는 것을 말해요.

고사성어로 말하기

같은 병실에 동수와 민서는 동병상련의 정을 나누고 있다.

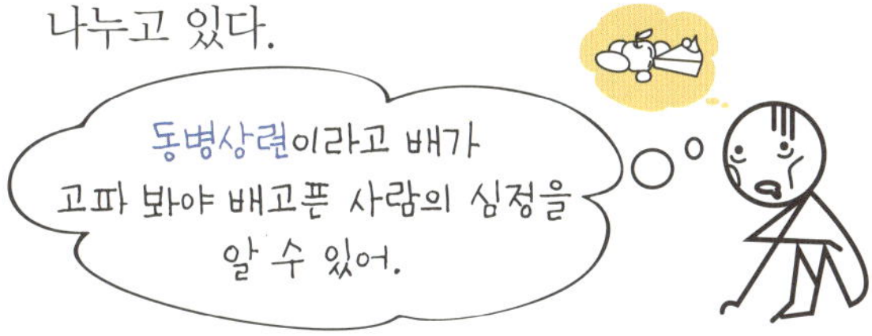

비슷한 말

類유 類유 相상 從종

무리 **유**(류) 무리 **유**(류) 서로 **상** 좇을 **종**

비슷한 사람끼리 서로 찾아 모인다는 뜻이에요.

草초 綠록 同동 色색

풀 **초** 푸를 **록** 한가지 **동** 빛 **색**

풀빛과 녹색은 같은 빛깔이란 뜻으로, 처지가 비슷한 사람과 어울리는 것을 말해요.

마이동풍
馬耳東風

당나라 시인 이백은 친구인 왕십이로부터 시 한 수를 받았습니다. 이에 대한 답으로 '답왕십이한야독작유회(答王十二寒夜獨酌有懷)'라는 시를 보냈는데, '마이동풍'은 이 시의 마지막 구절에 나옵니다.

이 시에서 이백은 "시인들이 아무리 좋은 시를 지어도 이 세상 사람들은 그것을 알아주지 않는다."며 답답한 마음을 드러냈습니다.

이 시는 다음과 같이 끝을 맺습니다.

세상 사람들은 이 말을 듣고 모두 머리를 흔드네
마치 동풍에 쏘인 말의 귀(마이동풍)처럼.

馬	耳	東	風
말 **마**	귀 **이**	동녘 **동**	바람 **풍**

바로 뜻

말의 귀에 동풍

깊은 뜻

동풍이 말의 귀를 스쳐 간다는 뜻으로, 남의 의견이나 충고의 말을 귀담아듣지 않고 흘려 버리는 것을 말해요.

고사성어로 말하기

- 다른 사람의 말은 통 안 들으니 마이동풍이로구나.
- 넌 왜 그렇게 다른 사람의 말을 마이동풍으로 흘려듣니?

비슷한 말

牛우 耳이 讀독 經경

소 **우** 귀 **이** 읽을 **독** 글 **경**

'소 귀에 경 읽기'란 뜻으로, 우둔한 사람은 아무리 가르치고 일러 주어도 알아듣지 못한다는 뜻이에요.

망양지탄
望洋之歎

황하에 사는 하백이라는 신이 어느 날, 찬란히 빛나는 강물을 보고 감탄하여 말했습니다.

"세상에 이렇게 큰 강은 또 없을 거야."

그러자 늙은 자라가 나타나 말했습니다.

"그렇지 않습니다. 제가 듣기로는 해 뜨는 쪽에 북해가 있는데, 그 넓이가 황하의 몇 배가 된다고 합니다."

황하를 떠나 본 적이 없는 하백은 자라의 말을 믿지 못했습니다. 그리고 얼마 후, 몸소 북해로 갔습니다.

"세상에, 이렇게 큰 강이 있다니! 아, 나는 북해가 크다는 말을 듣고도 지금까지 믿지 않았다. 이처럼 보지 않았다면 나의 짧은 생각을 버리지 못했을 것이다."

하백은 지금까지 세상을 모르고 살아온 자신이 부끄러웠습니다.

그러자 북해의 신이 나타나 말했습니다.

"이제야 '우물 안 개구리'에서 벗어나셨군요."

望	洋	之	歎
바랄 **망**	큰 바다 **양**	어조사 **지**	탄식할 **탄**

바로 뜻

넓은 바다를 보고 감탄함

깊은 뜻

다른 사람의 위대함에 감탄하고, 나의 미흡함을 부끄러워한다는 뜻이에요. 자기의 힘이 미치지 못해 탄식한다는 뜻으로도 쓰지요.

고사성어로 말하기

공부도 잘하고 피아노도 잘 치고 그림도 잘 그리는 영수가 불우 이웃을 돕는 착한 마음씨까지 가진 것을 보니 망양지탄이로구나.

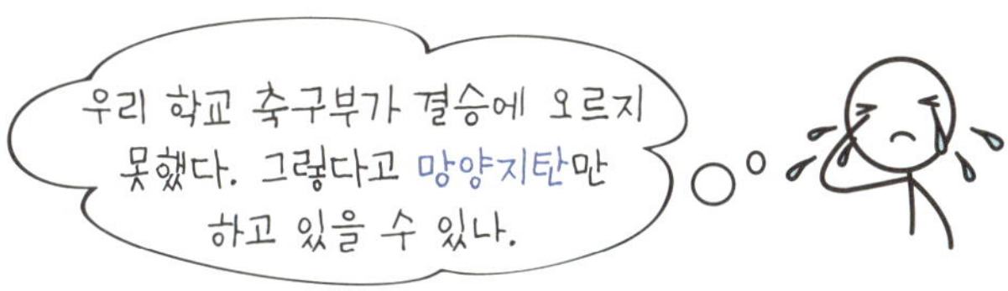

같은 음 다른 뜻

亡망	羊양	之지	歎탄
망할 **망**	양 **양**	어조사 **지**	탄식할 **탄**

갈림길이 매우 많아 잃어버린 양을 찾을 길이 없음을 탄식한다는 뜻으로, 학문의 길이 여러 갈래여서 참된 진리를 찾기 어렵다는 말이에요.

맹모삼천
孟母三遷

맹자는 어렸을 때 아버지가 돌아가셔서 어머니와 단둘이 살았습니다.

맹자는 처음에 묘지 근처에 살았는데, 묘지를 파거나 장사 지내는 흉내를 내며 놀았습니다.

"이곳에 더 있으면 안 되겠구나."

어머니는 맹자를 데리고 시장 근처로 이사를 했습니다.

그런데 이번에는 물건을 사고 파는 장사꾼 흉내를 내며 노는 것이었습니다.

이곳도 마땅하지 않다고 생각한 어머니는 서당 근처로 집을 옮겼습니다. 그러자 맹자는 서당 아이들 흉내를 내며 글을 읽기 시작하였습니다. 어른을 공경하고 글 배우는 것에 몰두하였습니다.

그러자 어머니는 비로소 웃음을 지었습니다.

"이곳이야말로 아이를 기르기에 좋은 곳이로구나!"

孟	母	三	遷
맏 **맹**	어미 **모**	석 **삼**	옮길 **천**

바로 뜻

맹자의 어머니가 맹자를 제대로 교육하기 위해 세 번 집을 옮김

깊은 뜻

맹자의 어머니가 맹자를 교육시키기 위하여 묘지, 시장, 학교 부근으로 세 번 집을 옮겼다는 것으로, 주위 환경이 교육에 중요하다는 뜻이에요.

고사성어로 말하기

- 지원이 공부에 대한 어머니의 정성은 맹모삼천 못지않다.
- 어려운 형편에도 자식 교육에만은 아낌없이 투자하니, 맹모삼천이 따로 없구나.

비슷한 말

斷[단]	機[기]	之[지]	敎[교]
끊을 **단**	틀 **기**	어조사 **지**	가르칠 **교**

공부하다 중간에 그만두는 것은 베를 짜다 베틀의 실을 끊는 것 같이 아무 쓸모가 없다는 말이에요.

명경지수
明鏡止水

노나라에 죄를 지어 다리가 잘리는 벌을 받은 왕태라는 사람이 있었습니다. 그런데 이상하게도 그에게는 공자의 제자들만큼 많은 제자가 따르고 있었습니다.

공자의 제자 상계는 그것이 못마땅한 듯 물었습니다.

"선생님, 왕태는 자기 몸을 닦고 지혜를 쌓아 수행한 것뿐이며, 그것도 남을 위한 것이 아닌 자신을 위한 수행인데 왜 많은 사람들이 그에게 모여드는 것입니까?"

그러자 공자가 대답했습니다.

"그것은 그의 마음이 고요하기 때문이다. 사람들은 흐르는 물에는 비춰 볼 수 없지만, 고요한 물에는 거울처럼 비춰 볼 수가 있다. 오직 고요한 것만이 고요하기를 바라는 모든 것을 고요하게 할 수 있지."

明 鏡 止 水

明	鏡	止	水
밝을 **명**	거울 **경**	그칠 **지**	물 **수**

바로 뜻	맑은 거울과 고요한 물
깊은 뜻	고요하며 맑고 깨끗한 마음을 뜻해요.
고사성어로 말하기	지연이의 마음씨는 명경지수 같아.

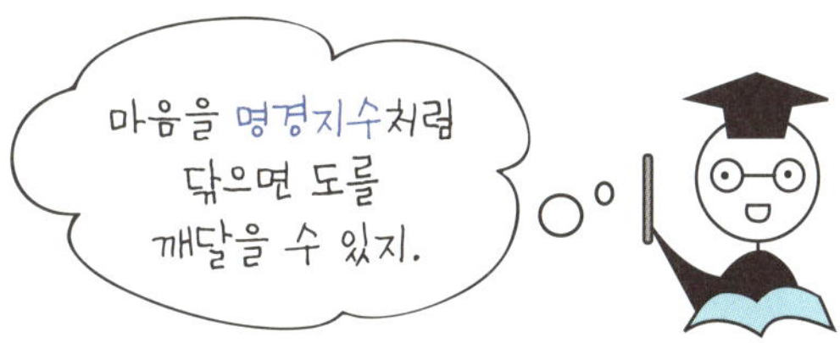

비슷한 말

平평 易이 淡담 白백

평평할 **평** 쉬울 **이** 맑을 **담** 흰 **백**

깨끗하고 욕심이 없는 마음을 말해요.

雲운 心심 月월 性성

구름 **운** 마음 **심** 달 **월** 성품 **성**

구름 같은 마음과 달 같은 성품이라는 뜻으로, 맑고 깨끗하여 욕심이 없는 것을 말해요.

모순
矛盾

초나라 상인이 시장에서 창과 방패를 놓고 큰 소리로 외쳤습니다.

"이 방패를 보세요. 이 방패는 매우 견고하여 세상에서 가장 날카로운 창이라 하여도 결코 뚫을 수 없습니다."

상인의 자랑에 사람들이 하나 둘 모여들었습니다. 상인은 신이 나서 옆에 있던 창을 들고 외쳤습니다.

"이 창으로 말씀드릴 것 같으면, 어찌나 강하고 날카로운지 세상에 뚫지 못하는 방패가 없습니다. 그야말로 천하무적이지요."

그러자 상인의 말을 듣고 있던 구경꾼 한 사람이 고개를 갸웃거리며 물었습니다.

"그러면 그 창으로 그 방패를 찌르면 어떻게 되지요?"

상인은 얼굴이 새빨개진 채 아무 말도 하지 못했습니다. 그리고 서둘러 시장을 빠져나갔습니다.

矛	盾
창 **모**	방패 **순**

바로 뜻	창과 방패
깊은 뜻	말이나 행동이 앞뒤가 맞지 않는 것을 말해요. 
고사성어로 말하기	지금 네 말은 앞뒤가 맞지 않아. 모순이야. 
비슷한 말	自자 家가 撞당 着착 스스로 **자** 집 **가** 칠 **당** 붙을 **착** 자기의 말과 행동이 앞뒤가 맞지 않는 것을 말해요.

문전성시
門前成市

한나라 애제는 실권이 없는 꼭두각시 임금이었지만, 그에게는 정숭이라는 어질고 바른 신하가 있었습니다.
어느 날 아첨을 잘하는 조창이 정숭을 시기하여 임금에게 모함하는 말을 하였습니다.
"폐하, 정숭이 얼마나 많은 뇌물을 받는지, 그를 찾아오는 사람들로 문 앞이 시장 거리 같다고 하옵니다."
애제는 곧바로 정숭을 불러 물었습니다.
"그대의 집 앞이 시장 거리와 같다고 하는데, 그게 사실인가."
"폐하, 저의 집 문 앞은 시장 거리 같을지라도 제 마음은 물처럼 깨끗하옵니다. 황공하오나 다시 한 번 조사해 주십시오."
하지만 애제는 임금의 말에 대꾸를 했다며 크게 화를 내고는 정숭을 옥에 가두었습니다. 그리고 정숭은 얼마 후, 옥에서 숨을 거두었습니다.

門	前	成	市
문 문	앞 전	이룰 성	저자 시

바로 뜻

문 앞에 시장이 선 것 같음

깊은 뜻

권력 있는 사람 집이나 부잣집 문 앞이 찾아오는 사람들로 시장을 이룬 것처럼 붐빈다는 뜻이에요.

고사성어로 말하기

- 문전성시를 이루던 삼계탕집이 겨울이면 손님의 발길이 뜸해진다.
- 학교 앞 피자집이 손님들로 문전성시를 이룬다.

비슷한 말

門 문 庭 정 若 약 市 시

문 **문** 뜰 **정** 같을 **약** 저자 **시**

대문 안 뜰이 시장을 이룬다는 말로, 집 안에 모여드는 사람이 많은 것을 뜻해요.

반대말

門 문 前 전 雀 작 羅 라

문 **문** 앞 **전** 참새 **작** 벌일 **라**

권세가 약해지면 찾아오는 사람들의 발길이 끊어진다는 말이에요.

미봉책
彌縫策

춘추 시대 주나라는 점점 세력이 약해지고 이웃인 정나라는 날로 번창했습니다. 그러자 주나라 환왕은 정나라 장공의 벼슬을 거두어 버렸습니다.

이에 장공은 환왕과의 관계를 끊어 버렸습니다. 그러자 환왕은 이것을 빌미 삼아 다른 네 나라와 함께 정나라를 치기로 했습니다.

정나라 장공은 '오승미봉' 전법으로 맞섰습니다. 오승미봉 전법이란 원형의 진을 치고, 전차를 앞세워 보병이 뒤따르게 하고 전차와 전차 사이에 보병으로 메우는 것입니다. 이 전법으로 장공은 주나라의 군대를 물리쳤습니다.

'미봉책'은 여기서 유래한 말로, 터진 옷을 임시로 꿰매는 것을 말합니다. 오늘날에는 실수나 결점을 얼렁뚱땅 꾸며 눈가림만 하는 것을 뜻하지요.

彌	縫	策
꿰맬 **미**	꿰맬 **봉**	꾀 **책**

바로 뜻

꿰매어 깁는 계책

깊은 뜻

실패나 잘못된 것을 임시로 눈가림하여 감추는 것을 말해요. 잘못된 것을 얼렁뚱땅 꾸며 겉으로만 괜찮게 보이게 하는 일시적인 대책이라는 뜻이지요.

고사성어로 말하기

천장이 샌다고 양동이를 받쳐 놓는 건 미봉책에 불과해. 지붕을 고쳐야지.

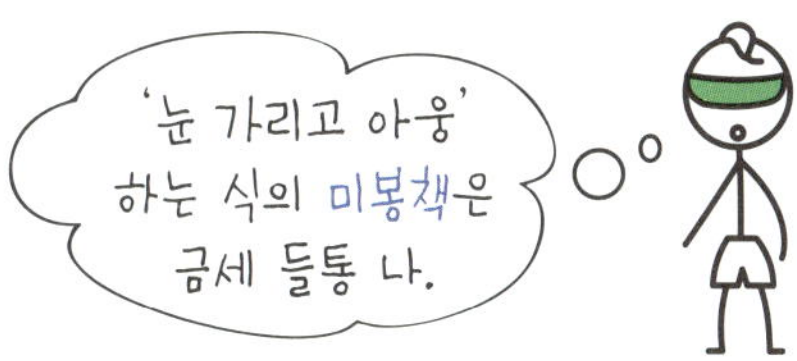

비슷한 말

臨[임]	時[시]	變[변]	通[통]
임할 **임**	때 **시**	변할 **변**	통할 **통**

갑자기 생긴 일을 임시로 둘러맞춰서 처리하는 것을 말해요.

배수지진
背水之陣

한나라 한신이 조나라로 쳐들어갔습니다. 조나라가 20만 명의 군사로 방어를 하자 한신은 1만 명의 군사를 '강을 등지고 진을 치게(배수지진)' 한 다음 자신은 본대를 이끌고 성문 가까이 공격해 들어갔습니다.

적이 성에서 나오자 한신은 패배한 척 배수진까지 도망을 쳤고, 다른 군사들은 조나라 군대가 성을 비우고 추격해 올 때 성 안으로 들어가 한나라 깃발을 세웠습니다. 이렇게 강을 등지고 싸운 한신의 군대는 죽기 아니면 살기로 싸워 조나라 군대를 물리쳤습니다.

승리를 축하하는 자리에서 부하들이 배수지진을 친 이유를 묻자 한신이 대답했습니다.

"우리 군사는 이번에 급히 모아 훈련이 되지 않았다. 그래서 죽을 위기에 몰아넣어 스스로 필사적으로 싸우게 한 것이다."

背	水	之	陣
등 **배**	물 **수**	어조사 **지**	진 칠 **진**

바로 뜻

물을 등지고 치는 진

깊은 뜻

물러설 곳이 없으니 목숨을 걸고 싸움에 임하는 각오를 뜻해요. 어떤 일에 결사적인 각오로 임하는 것을 말하지요.

고사성어로 말하기

우리의 상황이 어렵다고 하지만, 배수지진의 각오로 임하면 극복하지 못할 것이 없다.

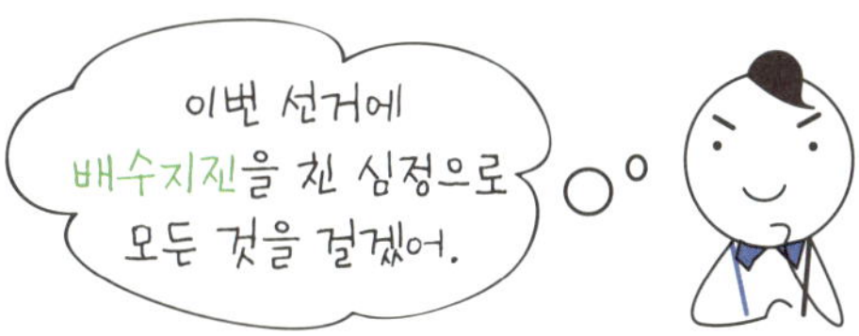

비슷한 말

破^파 釜^부 沈^침 舟^주

깨뜨릴 **파** 가마 **부** 잠길 **침** 배 **주**

솥을 깨뜨리고 배를 가라앉힌다는 뜻으로, 싸움터로 나가면서 살아 돌아오기를 바라지 않고 죽기 살기로 싸울 것을 다짐한다는 말이에요.

백문불여일견
百聞不如一見

한나라의 조충국은 젊어서부터 흉노와의 싸움에서 여러 번 승리를 거두어 높은 자리에 올랐습니다.

조충국이 일흔 살이 넘었을 무렵, 강족이 한나라를 쳐들어왔습니다. 그러자 임금이 조충국에게 사람을 보내어 어떤 장수를 내보내야 할지 물었습니다.

그러자 조충국이 대답했습니다.

"저만 한 사람이 없습니다."

그러자 임금은 조충국을 불러 물었습니다.

"강족을 물리칠 어떤 계책이 있는가?"

"백 번 듣는 것보다 한 번 보는 것이 낫습니다. 제가 직접 그들이 있는 곳에 가서 보고 계책을 아뢰겠습니다."

현지를 살핀 조충국은 자신의 계책을 아뢰고 그대로 실행하여 강족을 물리칠 수 있었습니다.

百聞不如一見

百	聞	不	如	一	見
일백 **백**	들을 **문**	아닐 **불**	같을 **여**	한 **일**	볼 **견**

바로 뜻

백 번 듣는 것이 한 번 보는 것만 못함

깊은 뜻

무엇이든지 경험해 보아야 보다 확실히 알 수 있다는 말이에요. 간접적으로 남에게 듣는 것보다는 자기 눈으로 직접 보는 것이 더 확실하다는 뜻이지요.

고사성어로 말하기

백문이 불여일견이니 직접 가서 보는 게 낫지 않겠니?

비슷한 말

耳	聞	不	如	目	見
귀 **이**	들을 **문**	아닐 **불**	같을 **여**	눈 **목**	볼 **견**

귀로 듣는 것은 직접 눈으로 보고 확인하는 것만 못하다는 뜻이에요.

백미
白眉

위·촉·오 세 나라가 세력을 다투던 삼국 시대, 촉나라에 마량이라는 사람이 있었습니다. 마량은 뛰어난 덕성과 빼어난 지모로 남쪽의 오랑캐들을 굴복시키는 데 큰 활약을 했습니다.

다섯 형제 중 맏이였던 마량은 태어날 때부터 눈썹에 흰 털이 섞여 있었습니다. 그래서 마을 사람들로부터 '백미(흰 눈썹)'라고 불렸습니다.

마량의 다섯 형제는 모두 재주가 뛰어났는데, 그중에서도 마량이 가장 두드러졌습니다.

마을 사람들은 늘 이렇게 말했습니다.

"마 씨네 오형제는 모두 하나같이 뛰어나."

"그중에서도 백미가 으뜸이지."

이때부터 '백미'는 여럿 중에서 가장 뛰어난 사람이나 사물을 가리키는 말로 쓰였습니다.

白 眉

흰 **백** | 눈썹 **미**

바로 뜻	흰 눈썹
깊은 뜻	형제 중에서 가장 뛰어난 사람, 또는 여럿 가운데에서 가장 뛰어난 사람이나 훌륭한 물건을 뜻해요.
고사성어로 말하기	석굴암과 불국사는 신라 예술의 백미다.

비슷한 말

出[출] 衆[중]

날 **출** 무리 **중**

여러 사람 속에서 뛰어난 사람을 말해요.

拔[발] 群[군]

뽑을 **발** 무리 **군**

여럿 가운데서 특별히 빼어남을 말해요.

백발백중
百發百中

초나라에 활을 잘 쏘는 양유기라는 사람이 있었습니다. 맞수가 없을 정도로 명궁이었고, 활을 쏘면 화살이 소리보다 먼저 날아갈 정도였습니다.

그는 백 걸음 떨어진 곳에서 버드나무 잎을 쏘아도 백 번 쏘아 백 번 모두 맞혔습니다.

그것을 본 사람들은 모두 감탄했습니다.

"과연 활쏘기의 명수로구나!"

어느 때, 초나라의 투월초라는 재상이 반란을 일으키자 양유기는 단 둘이 담판을 벌이자고 하였습니다. 둘은 활을 들고 승부를 겨루었습니다.

먼저 투월초가 활을 쏘자 양유기는 화살로써 오는 화살을 막아 냈습니다. 두 번째 화살은 몸을 기울여 피했습니다. 세 번째 화살은 이빨로 물어서 막았습니다.

양유기 차례가 되어 활을 쏘자, 화살은 단 한 번에 투월초를 맞혔습니다. 백발백중이었습니다.

百	發	百	中
일백 **백**	쏠 **발**	일백 **백**	맞힐 **중**

바로 뜻

백 번 쏘아 모두 맞힘

깊은 뜻

일이나 계획한 것이 예정대로 들어맞는 것을 말해요. 무슨 일이든 실패 없이 생각한 대로 이루어지는 것을 뜻하지요.

고사성어로 말하기

- 절대 빗나가지 않는 백발백중 마법의 총알이 개발되었다.
- 빌헬름 텔은 백발백중 명사수였다.

비슷한 말

一 일	發 발	必 필	中 중
한 **일**	쏠 **발**	반드시 **필**	맞힐 **중**

한 번 쏘아 반드시 맞힌다는 뜻이에요.

백전백승
百戰百勝

제나라 사람인 손자는 병법에 뛰어난 사람이었습니다. 그는 자신이 쓴 『손자』에서 '승리'의 방법에 대해 이야기 했습니다.

승리하는 방법에는 두 가지가 있다. 첫째는 적과 싸우지 않고 승리하는 것이고, 둘째는 적과 싸워 승리하는 것이다. 첫째가 가장 좋은 방법이다. 백 번 싸워 백 번 이겼다(백전백승) 해도 그것은 최상의 승리가 아니다. 가장 좋은 방법은 적이 꾀하는 바를 꿰뚫어보고 미리 방어하는 것이다. 그 다음 좋은 방법은 적을 고립시키는 것이며, 세 번째는 적과 싸우는 것이고, 가장 좋지 않은 방법은 모든 수단을 동원해 공격하는 것이다.

百	戰	百	勝
일백 **백**	싸움 **전**	일백 **백**	이길 **승**

바로 뜻

백 번 싸워 백 번 이김

깊은 뜻

싸울 때마다 반드시 이긴다는 뜻이에요.

고사성어로 말하기

- 상대방을 알고 나를 알면 백전백승이다.
- 운동회에서 청군이 백전백승했다.

비슷한 말

連연 戰전 連연 勝승

잇닿을 **연**(련) 싸움 **전** 잇닿을 **연**(련) 이길 **승**

싸울 때마다 번번이 이긴다는 뜻이에요.

반대말

百백 戰전 百백 敗패

일백 **백** 싸울 **전** 일백 **백** 패할 **패**

싸울 때마다 진다는 말이에요.

부화뇌동
附和雷同

『논어』에 다음과 같은 말이 나옵니다.

> 공자가 말하기를, 군자는 화합하되 부화뇌동하지 않고 소인은 부화뇌동하되 화합하지 않는다.

군자는 남을 자기 자신처럼 생각하기 때문에 남과 조화를 이루면서도 각자에게 주어진 역할을 열심히 해내면서 부화뇌동하지 않는다는 말입니다.
반대로 소인은 이익을 좇으므로, 이익을 같이하는 사람끼리는 함께 움직이지만 다른 사람과는 조화를 이루지 못하지요.
우레가 한 번 치면 온 세상이 울리듯, 자신의 줏대와 생각을 잊은 채 무조건 남의 주장에 따르는 것을 공자는 경고한 것입니다.

附 和 雷 同

붙을 **부** / 응할 **화** / 우레 **뇌(뢰)** / 같이할 **동**

바로 뜻	우레 소리에 맞춰 함께함
깊은 뜻	자신의 생각이나 뚜렷한 주장 없이 그저 남이 하는 대로 따라 움직이는 것을 말해요.
고사성어로 말하기	남이 뭐라 한다고 쉽게 부화뇌동하면 안 돼.

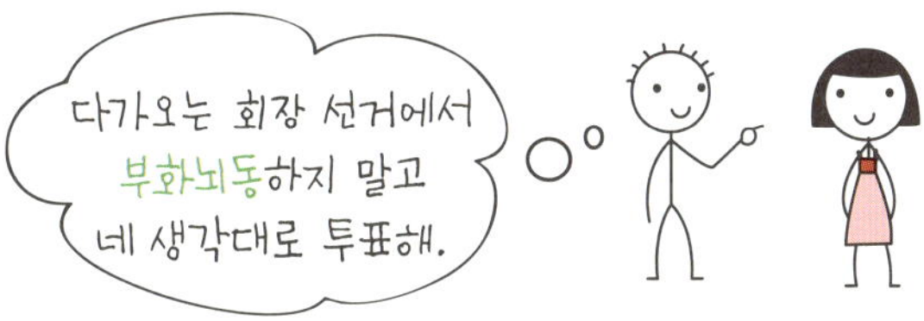

비슷한 말

追(추) 友(우) 江(강) 南(남)

쫓을 **추** / 벗 **우** / 강 **강** / 남녘 **남**

친구 따라 강남 간다는 말로, 자기 생각 없이 남의 말에 아부하며 따르는 것을 말해요.

阿(아) 附(부) 迎(영) 合(합)

언덕 **아** / 붙을 **부** / 맞을 **영** / 합할 **합**

자기 생각이나 주장 없이 남의 말에 아부하며 따르는 것을 말해요.

비육지탄
髀肉之嘆

『삼국지』의 유비는 한때 유표 장군 아래 머물고 있었습니다. 아직 큰 활약을 하지 못한 채 신야라는 작은 성에서 4년째 하릴없이 지내고 있었습니다.

어느 날 유표의 초대를 받아 함께 술을 마시던 유비는 화장실에 갔다가 깜짝 놀라고 말았습니다. 자신의 넓적다리가 살찐 것을 본 것입니다.

자리에 돌아와 눈물을 보이자 유표가 물었습니다.

"유 장군, 왜 우시오?"

"나는 언제나 몸이 말안장 위에 있어 넓적다리에 살이 붙을 겨를이 없었는데, 요즈음은 말을 타는 일이 없어 통통해져 버렸습니다. 세월은 물과 같이 흘러 머지않아 나도 늙을 텐데, 큰일을 이루지 못했으니 그것이 슬플 따름이옵니다."

髀	肉	之	嘆
넓적다리 **비**	고기 **육**	어조사 **지**	탄식할 **탄**

바로 뜻	넓적다리에 살이 붙은 것을 탄식함
깊은 뜻	자기의 뜻을 펼쳐 보람 있는 일을 하지 못하고 헛되이 세월만 보내는 것을 한탄하는 것을 말이에요.
고사성어로 말하기	비육지탄의 푸념 따위는 하지 말고 실력을 키우렴.

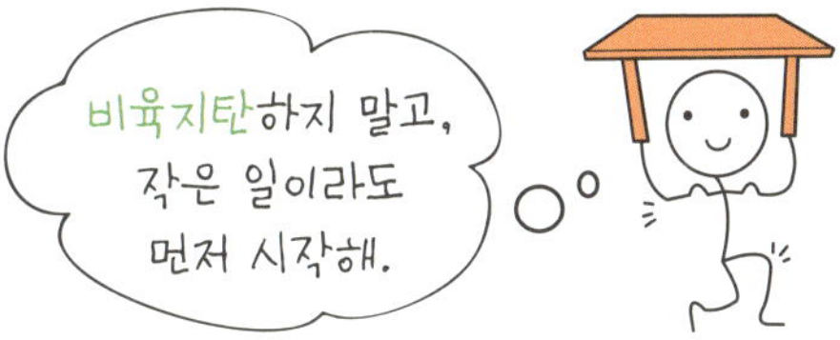

『삼국지』 속 고사성어

桃도 園원 結결 義의

복숭아 **도** 동산 **원** 맺을 **결** 옳을 **의**

후한 때 어지러운 나라를 바로잡기 위해 만난 유비·관우·장비가 복숭아밭에서 의형제를 맺었다는 것으로, 뜻이 맞는 사람끼리 행동을 같이할 것을 약속한다는 뜻이에요.

ㅂ~ㅅ

사면초가
四面楚歌

초나라 항우와 한나라 유방이 천하를 두고 다투던 때, 5년에 걸친 싸움에도 승패가 나지 않자 둘은 군사를 물리기로 하였습니다.

그런데 돌아가던 항우를 유방이 갑자기 추격하여 초나라 군사는 한나라 군사에 포위되고 말았습니다. 게다가 초나라는 슬기로운 장수인 범증이 떠나고, 병사도 줄어들고 식량마저 떨어져 위기에 빠졌습니다.

어느 날 밤, 사방에서 초나라의 구슬픈 노래가 들려왔습니다. 한나라가 항복한 초나라 군사들에게 고향 노래를 부르게 한 것입니다.

구슬픈 노래를 듣던 초나라 병사들은 다투어 도망쳤습니다.

"아, 한나라가 이미 초나라를 다 차지했단 말인가! 어찌 저렇게 초나라 사람이 많단 말이냐."

항우는 깊이 탄식했고, 곧 죽음을 맞이하고 말았습니다.

四	面	楚	歌
넉 **사**	낯 **면**	초나라 **초**	노래 **가**

바로 뜻

사방에서 들려오는 초나라 노래

깊은 뜻

적에게 둘러싸여 누구의 도움도 받을 수 없는, 외롭고 곤란한 지경에 빠진 상태를 말해요. 사방에서 비난을 받아 외톨이가 된 것을 말하기도 하지요.

고사성어로 말하기

앞도 뒤도 완전히 포위되었어. 사면초가야.

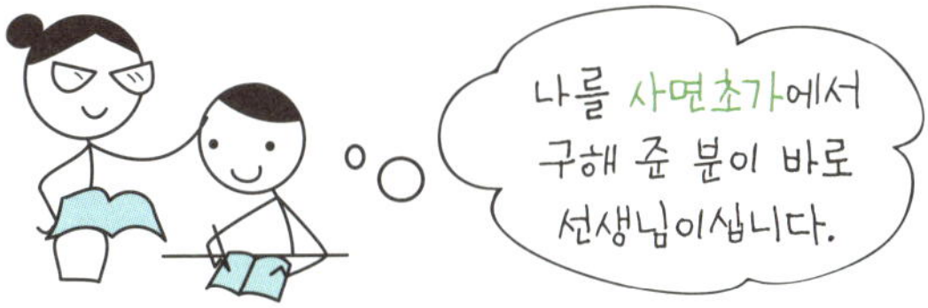

비슷한 말

進진 退퇴 維유 谷곡

나아갈 **진** 물러날 **퇴** 벼리 **유** 골 **곡**

앞으로도 뒤로도 나아가거나 물러서지 못한다는 뜻으로, 궁지에 빠진 상태를 말해요.

살신성인
殺身成仁

공자는 인(仁)을 가장 중요하게 생각했습니다. 인은 곧 다른 사람에 대한 자비와 인간애, 동정심이기도 합니다. 공자가 말했습니다.

> 뜻있는 선비와 어진 사람은
> 살기 위하여 '인'을 버리지 않고
> 자신의 목숨을 바쳐 '인'을 이룬다.

사람으로서의 도리를 아는 사람, 의지가 강한 사람이나 덕을 갖춘 사람은 생명을 지키기 위해 인을 저버리지 않습니다. 그보다는 오히려 자기 목숨을 희생하고서라도 인을 이루려고 한다는 것입니다.

殺	身	成	仁
죽일 **살**	몸 **신**	이룰 **성**	어질 **인**

바로 뜻

자신의 몸을 버려서라도 인(仁)을 이룸

깊은 뜻

자기 몸을 희생하여 옳은 도리를 행하는 것을 말해요.

고사성어로 말하기

- 저를 회장으로 뽑아 주시면 우리 반을 위해 살신성인 하겠습니다.
- 살신성인의 정신으로 나랏일을 보아야 한다.

비슷한 말

殺살 身신 立입 節절

죽일 **살** 몸 **신** 설 **입**(립) 마디 **절**

자기의 몸을 희생하여 절개를 세운다는 뜻이에요.

捨사 生생 取취 義의

버릴 **사** 날 **생** 가질 **취** 옳을 **의**

목숨을 버리고 의리를 좇는다는 말로, 목숨을 버릴지언정 옳은 일을 하는 것을 말해요.

삼고초려
三顧草廬

유비는 관우·장비와 의형제를 맺고 무너져 가는 한나라를 부흥시키기 위해 군사를 일으켰지만 늘 조조에게 고전하고 있었습니다.

그러던 어느 날, 은사인 사마휘를 만난 유비가 전략가를 추천해 달라고 하였습니다.

"복룡과 봉추 중 한 사람만 얻으십시오."

그가 말한 복룡이 제갈량이란 것을 안 유비는 당장 예물을 싣고 제갈량의 초가집으로 향했습니다. 그러나 제갈량은 집에 없었습니다. 며칠 후 다시 찾아갔으나 역시 만날 수가 없었습니다. 그러자 관우와 장비는 불평을 터뜨렸습니다. 그러나 유비는 세 번째 그를 찾아갔고, 그 정성에 감동한 제갈량은 마침내 유비와 함께하기로 하였습니다.

그 후 제갈량은 적벽대전에서 조조의 백만 대군을 물리치는 등 많은 공을 세웠습니다.

三	顧	草	廬
석 **삼**	돌아볼 **고**	풀 **초**	풀집 **려**

바로 뜻	초가집을 세 번 찾아감
깊은 뜻	인재를 맞아들이기 위해 참을성 있게 노력한다는 뜻이에요. 진심으로 예를 갖추어 맞이한다는 뜻이지요.
고사성어로 말하기	능력 있는 사람은 삼고초려를 해서라도 데려와야 한다. 야구부 감독이 우수 선수 이동준을 스카우트하기 위해 삼고초려를 했다.
비슷한 말	水수 魚어 之지 親친 물 **수** 물고기 **어** 어조사 **지** 친할 **친** 물과 물고기의 사귐이라는 뜻으로, 임금과 신하 또는 부부 사이처럼 매우 친밀한 관계를 말해요.

ㅂ~ㅅ

상전벽해
桑田碧海

옛날에 '마고'라는 선녀가 자신이 모시던 신선 왕방평에게 말했습니다.

"제가 지금껏 스승님을 모시면서 세 번이나 뽕나무밭이 바다로 변하는 것을 보았어요. 이번에 봉래에 갔더니 바다가 다시 얕아져서 이전의 반밖에 되지 않았어요. 또 육지가 되려는 것일까요?"

상전벽해는 여기에서 유래된 말로, 뽕나무밭이 변해서 푸른 바다가 되듯이 자신도 모르는 사이에 세상이 온통 바뀌어 버린 것을 비유한 말입니다.

桑	田	碧	海
뽕나무 **상**	밭 **전**	푸를 **벽**	바다 **해**

바로 뜻

뽕나무밭이 푸른 바다로 변함

깊은 뜻

세상이 몰라볼 정도로 바뀐 것, 세상 모든 것이 엄청나게 변한 것을 말해요.

고사성어로 말하기

- 상전벽해가 되어도 헤어날 길 있고, 하늘이 무너져도 솟아날 구멍 있다.
- 상전벽해라더니 몇 해 사이에 많이도 변했구나!

비슷한 말

隔격 世세 之지 感감

사이 뜰 **격** 인간 **세** 어조사 **지** 느낄 **감**

모든 것이 바뀌어 다른 세상이 된 것 같은 느낌, 또는 다른 세대 같이 변화가 많은 것을 말해요.

陵능 谷곡 之지 變변

언덕 **능**(릉) 골 **곡** 어조사 **지** 변할 **변**

지금과 옛날이 매우 달라서 느껴지는 감정을 말해요.

새옹지마
塞翁之馬

중국 변방에 점을 치는 노인이 있었습니다. 어느 날, 노인이 기르던 말이 오랑캐 땅으로 달아나자 사람들이 위로하였습니다.

"이 일이 오히려 복이 될지 누가 압니까."

노인은 조금도 낙심하지 않았습니다.

몇 달 후, 달아났던 말이 좋은 말 한 필을 데리고 돌아왔습니다. 사람들이 이를 축하하자 노인이 말했습니다.

"이 일로 또 무슨 나쁜 일이 생길지 알 수 없지요."

어느 날, 노인의 아들이 말을 타다 떨어져 다리가 부러지고 말았습니다. 사람들이 위로하자 노인은 태연하게 말했습니다.

"이것이 복이 될는지 누가 알겠어요."

얼마 후, 전쟁이 나서 마을 남자들 모두 나가 싸우다 숨을 거두었습니다. 그러나 노인의 아들은 절름발이어서 살아남을 수 있었습니다.

塞	翁	之	馬
변방 **새**	늙은이 **옹**	어조사 **지**	말 **마**

바로 뜻

변방에 사는 늙은이의 말

깊은 뜻

세상일은 변화가 많아 인생의 좋은 일과 나쁜 일, 불행한 일과 행복한 일을 미리 헤아릴 수 없다는 말이에요. 불행한 일을 당했을 때 희망을 잃지 말라는 것이며, 좋은 일이 찾아왔을 때도 만일을 대비해 주의하라는 것이지요.

고사성어로 말하기

세상만사 새옹지마이니, 1등 했다고 방심하지 말고 더 열심히 공부하렴.

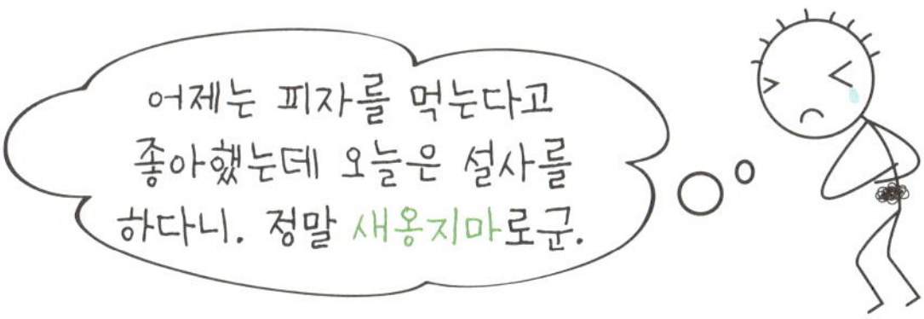

비슷한 말

轉 전	禍 화	爲 위	福 복
구를 **전**	재앙 **화**	할 **위**	복 **복**

화가 바뀌어 오히려 복이 된다는 뜻으로, 어떤 불행한 일이라도 끊임없는 노력과 의지로 힘쓰면 행복으로 바꿀 수 있다는 말이에요.

수구초심
首丘初心

은나라에 강태공이란 이름으로 유명한 여상이라는 사람이 있었습니다. 여상은 학식이 뛰어났으나 알아주는 사람이 없어서, 하릴없이 강가에 나가 낚싯대를 드리우고 세월을 보냈습니다.

어느 날 강가로 사냥을 나온 창이라는 사람을 만나 인연을 맺었고, 창은 여상의 도움으로 주나라를 세우게 되었습니다. 여상은 그 공으로 영구라는 땅을 다스리다 그곳에서 숨을 거두었습니다.

그러나 나라에서는 그를 임금의 땅에 장사 지내며, 왕족처럼 대우했습니다.

이를 두고 사람들이 말했습니다.

"여우가 죽을 때 머리를 자기가 살던 굴 쪽으로 향하는 것처럼 근본을 잊지 않는다."

이 말에서 유래하여 고향을 그리워하는 마음, 또는 근본을 잊지 않는 마음을 일컫게 되었습니다.

首	丘	初	心
머리 **수**	언덕 **구**	처음 **초**	마음 **심**

바로 뜻

여우가 죽을 때 자기가 살던 언덕 쪽으로 머리를 향하는 마음

깊은 뜻

죽어서라도 고향에 묻히고 싶어하는 마음, 고향을 그리워하는 마음을 뜻해요. 근본을 잊지 않는 마음을 뜻하기도 하지요.

고사성어로 말하기

북한에 고향을 두고 온 사람들은 명절이면 수구초심에 젖게 된다.

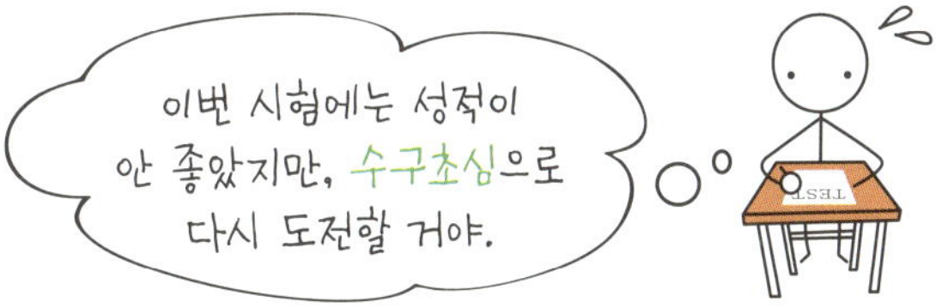

비슷한 말

胡호 馬마 依의 北북 風풍

되 **호** 말 **마** 의지할 **의** 북녘 **북** 바람 **풍**

북쪽의 말은 북풍이 불 때마다 머리를 들어 북쪽을 바라본다는 뜻으로, 고향을 몹시 그리워하는 것을 말해요.

수어지교
水魚之交

『삼국지』의 유비에게는 관우와 장비 등 용감한 장수들은 있었지만 뛰어난 지략가가 없었습니다.
그러던 중 제갈량의 초가집에 세 번이나 찾아가 그를 참모로 모셨습니다. 유비는 크게 기뻐하며 제갈량에게 모든 계획을 맡겼습니다.
유비는 제갈량의 뜻이라면 무엇이든 따랐고, 둘의 신뢰와 정은 깊어만 갔습니다.
그러자 형제로 지내던 관우와 장비는 불만을 터뜨렸습니다.
"형님, 제갈량을 너무 위하시는 것 아닙니까? 우리 두 형제는 보이지도 않습니까?"
그러자 유비가 동생들을 달랬습니다.
"나에게 제갈량은 마치 물고기가 물을 만난 것과 같은 존재이네. 그러니 두말 말게나."

水	魚	之	交
물 **수**	물고기 **어**	어조사 **지**	사귈 **교**

바로 뜻

물과 물고기의 사귐

깊은 뜻

물과 물고기의 관계처럼 서로 떨어질 수 없는 친밀한 사이를 말해요. 임금과 신하, 또는 부부 사이처럼 매우 친밀한 관계를 말하지요.

고사성어로 말하기

오성과 한음은 수어지교의 좋은 예이다.

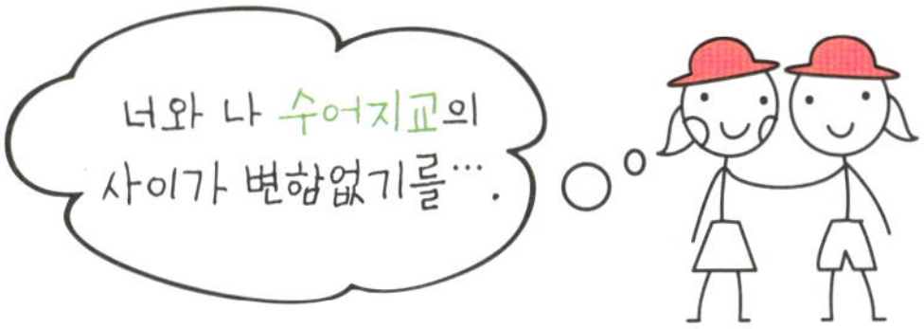

비슷한 말

猶유 魚어 有유 水수

오히려 **유** 물고기 **어** 있을 **유** 물 **수**

물고기와 물의 관계처럼, 임금과 신하 또는 부부 사이가 친밀한 것을 말해요.

순망치한
脣亡齒寒

춘추 시대 진나라 헌공은 괵나라를 공격하기로 결심했습니다. 그래서 지나는 길인 우나라 우공에게 길을 내줄 것을 부탁했습니다.

우공이 허락하려 하자 궁지기가 나섰습니다.

"괵나라와 우리나라는 한몸이나 다름없는 사이니, 괵나라가 망하면 우리나라도 망할 것입니다. 옛 속담에 수레의 짐받이 판자와 수레는 서로 의지하고, 입술이 없어지면 이가 시리다고 했습니다. 바로 괵나라와 우리나라의 관계를 말한 것입니다. 결코 길을 빌려 주어서는 안 됩니다."

그러나 우공은 궁지기의 말을 듣지 않았고, 진나라는 괵나라를 정벌하고 돌아가는 길에 우나라를 공격하고 우공을 사로잡았습니다.

脣	亡	齒	寒
입술 **순**	망할 **망**	이 **치**	찰 **한**

바로 뜻	입술이 없으면 이가 시림
깊은 뜻	가까운 사이의 한쪽이 망하면 다른 한쪽도 온전하기 어렵다는 뜻이에요. 서로 떨어질 수 없는 밀접한 관계라는 뜻이지요.
고사성어로 말하기	우리나라와 일본은 순망치한의 관계이다. 이웃 나라가 전쟁에 휩싸이니 우리나라도 순망치한이 될까 걱정이다.
비슷한 말	輔[보] 車[거] 相[상] 依[의] 도울 **보** 수레 **거** 서로 **상** 의지할 **의** 수레의 덧방나무와 바퀴가 서로 의지한다는 뜻으로, 서로 도우며 의지하는 깊은 관계를 말해요.

암중모색
暗中摸索

당나라에 허경종이라는 학자가 있었습니다. 그는 대대로 벼슬을 한 명문가의 후손으로, 훗날 재상 자리에까지 올랐습니다.

그런데 그는 건망증이 심하여 여러 번 만난 사람도 그 얼굴을 기억하지 못하고는 했습니다.

어느 날 한 친구가 그에게 물었습니다.

"자네처럼 깊이 공부를 한 사람이 여러 번 만난 사람의 얼굴을 기억하지 못하다니, 혹시 일부러 그러는 것이 아닌가?"

허경종은 웃으며 대답했습니다.

"자네와 같은 사람들의 얼굴은 기억하기 어렵지만, 하손 · 유효작 · 심약 같은 대가들을 만난다면 어둠 속에서라도 더듬어 찾아 기억할 수 있다네."

暗	中	摸	索
어두울 **암**	가운데 **중**	본뜰 **모**	찾을 **색**

바로 뜻

어둠 속에서 손을 더듬어 찾음

깊은 뜻

어림으로 무엇을 알아내거나 찾아내려 하는 것을 말해요. 은밀히 일의 실마리나 해결책을 찾아내려고 하는 것을 이르기도 하지요.

고사성어로 말하기

- 명탐정은 미궁에 빠진 사건의 범인을 찾으려 암중모색 중이다.
- 연극이 처음인 민정이는 연습을 어떻게 해야 할지 암중모색하고 있다.

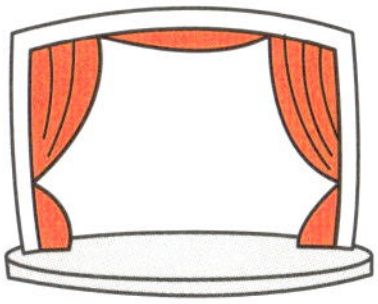

비슷한 말

群[군] 盲[맹] 評[평] 象[상]

무리 **군** 소경 **맹** 평할 **평** 코끼리 **상**

장님들이 코끼리 몸을 만져 보고 제각기 말한다는 뜻으로, 어리석은 사람은 자기 주관에 치우쳐 그릇된 판단을 한다는 말이에요.

양상군자
梁上君子

후한의 진식은 현령으로 있으면서 겸손한 자세와 공정한 일처리로 많은 사람들의 존경을 받았습니다.

그런데 어느 해, 흉년이 들어 백성들의 살림이 어려웠습니다. 그런 어느 밤, 진식이 책을 읽고 있는데 웬 사나이가 몰래 들어와 대들보 위에 숨었습니다. 진식은 모르는 척하며 책을 읽다가 아들과 손자들을 불렀습니다.

"사람은 스스로 노력하지 않으면 안 된다. 나쁜 사람이라 해도 본성이 악한 것은 아니다. 나쁜 습관이 반복되면 나쁜 짓을 하게 되지. 지금 저 '대들보 위에 있는 군자'처럼 말이다."

그러자 진식의 말에 감동한 도둑은 당장 뛰어 내려와 진식에게 머리를 숙였습니다.

진식은 그를 조용히 타이르고는 비단 두 필을 주어 돌려보냈습니다.

그 후로 고을에는 도둑질하는 사람이 사라졌습니다.

梁	上	君	子
들보 **양**(량)	윗 **상**	임금 **군**	아들 **자**

바로 뜻	대들보 위에 있는 군자
깊은 뜻	도둑을 뜻하는 말이에요.
고사성어로 말하기	그렇게 대문을 열고 다니다간 양상군자를 불러들이게 될 거야. 보름째 활개 치는 양상군자 때문에 경찰이 골머리를 앓고 있다.

비슷한 말

無[무] 本[본] 大[대] 商[상]

없을 **무** 근본 **본** 큰 **대** 장사 **상**

밑천 없이 하는 큰 장수라는 뜻으로, 도둑을 비꼬아 표현한 말이에요.

綠[녹] 林[림] 豪[호] 傑[걸]

푸를 **녹**(록) 수풀 **림** 호걸 **호** 뛰어날 **걸**

푸른 숲 속에 사는 호걸이라는 말로, 화적 등을 말해요.

어부지리
漁父之利

조나라가 연나라를 침략하려 하자, 연나라 왕은 소대를 조나라에 보내어 설득하게 했습니다.

소대가 조나라 왕에게 말했습니다.

"제가 이곳으로 오는 길에 냇가를 지나다 보니 조개가 입을 벌리고 볕을 쬐고 있었습니다. 지나가던 황새가 조갯살을 쪼아 먹으려고 하자 조개는 깜짝 놀라 입을 오므렸습니다. 황새가 '오늘도 내일도 비가 오지 않으면 넌 바짝 말라 죽을걸.' 하고 말하자 조개는 '내가 오늘 내일 입을 벌려 주지 않으면 너야말로 굶어 죽고 말걸.' 했습니다. 이렇게 한참 다투고 있는데, 지나가던 어부가 이 모습을 보고 둘 다 잡아가고 말았습니다. 지금 연나라와 조나라가 싸워 서로 지치게 되면 진나라가 어부가 될 것입니다."

소대의 말을 알아들은 조나라 왕은 당장 연나라 공격 계획을 중지하였습니다.

漁	父	之	利
고기 잡을 **어**	사내 **부**	어조사 **지**	이로울 **리**

바로 뜻	어부의 이익
깊은 뜻	둘이 서로 다투는 사이에 엉뚱한 제3자가 이득을 챙긴다는 뜻이에요.
고사성어로 말하기	1, 2위 선수가 반칙으로 탈락하는 바람에 수미가 어부지리로 1위에 올랐다. 일본이 이라크와 비기면서 우리나라가 어부지리로 본선에 진출했다.
비슷한 말	犬견 兎토 之지 爭쟁 개 **견** 토끼 **토** 어조사 **지** 다툴 **쟁** 개와 토끼의 다툼이라는 뜻으로, 둘이 다투는 사이에 제3자가 이익을 본다는 뜻이에요. 蚌방 鷸휼 之지 爭쟁 방합 **방** 도요새 **휼** 어조사 **지** 다툴 **쟁** 도요새가 조개와 다투다 둘 다 어부에게 잡히고 말았다는 뜻으로, 제3자만 이롭게 하는 다툼을 말해요.

오리무중
五里霧中

후한 때 학문이 뛰어난 장해라는 선비가 있었습니다. 장해는 임금이 벼슬을 내리려 하였으나 병을 핑계 삼아 끝내 벼슬길에 오르지 않았습니다.

장해는 학문이 깊어 제자가 100여 명이나 되었고, 이름 있는 학자와 귀족 등이 모두 그를 가까이하려 하였습니다. 하지만 이를 싫어한 장해는 고향으로 내려가고 말았습니다. 그러자 그의 집 앞은 장해를 좇아온 사람들로 북적였습니다.

장해는 학문뿐 아니라 도술에도 능하여 쉽게 5리에 걸쳐 안개를 만드는 것으로 유명했습니다.

당시 관서에 살던 배우라는 사람은 도술로 3리에 걸쳐 안개를 만들 수 있었는데, 장해의 이야기를 듣고는 그를 스승으로 삼으려 찾아갔습니다.

그러나 장해는 5리 안개를 만들어 감쪽같이 몸을 숨기고 만나 주지 않았습니다.

五	里	霧	中
다섯 **오**	마을 **리**	안개 **무**	가운데 **중**

바로 뜻

오 리나 되는 짙은 안개 속에 있음

깊은 뜻

깊은 안개 속에서는 앞을 가리지 못하고 길을 찾기 어려운 것처럼, 어떤 일에 대하여 방향이나 상황을 알 길이 없는 것을 말해요.

고사성어로 말하기

- 올해 대통령 선거에서 누가 당선될지 오리무중이다.
- 진실이 가방을 훔쳐 간 범인의 행방이 오리무중이다.

관련 사자성어와 속담

曖애 昧매 模모 糊호

희미할 **애** 어두울 **매** 모호할 **모** 모호할 **호**

말이나 태도 따위가 희미하고 흐려 분명하지 않은 것을 말해요.

학도 아니고 봉도 아니다.

행동이 모호하거나 사물이 뚜렷하지 않은 모양을 말해요.

오십보백보
五十步百步

위나라 혜왕이 맹자에게 물었습니다.

"나는 마음을 다해 백성을 다스리고 있습니다. 그런데 백성이 더 많아지지 않는 이유는 무엇입니까?"

맹자는 비유를 들어 말했습니다.

"전쟁이 한창일 때 한 병사가 갑옷을 벗어 던지고 도망을 쳤습니다. 그렇게 가다 백 걸음쯤 가서 멈추었습니다. 또 다른 병사는 도망치다가 오십 걸음쯤 가서 멈추었습니다. 그리고 백 걸음 도망친 사람을 보고 겁쟁이라고 비웃었습니다. 왕께서는 어떻게 생각하십니까?"

"오십 보나 백 보나 도망친 것은 마찬가지 아닙니까?"

"그러면 백성을 위하는 왕의 목적이 인의와는 상관없이 강한 나라를 만들기 위해서이니, 이웃나라와 무엇이 다르겠습니까."

혜왕이 흉년이 들었을 때 백성을 도운 것은 전쟁을 위한 목적이었기 때문에 백성이 더 모이지 않았던 것입니다.

五	十	步	百	步
다섯 **오**	열 **십**	걸음 **보**	일백 **백**	걸음 **보**

바로 뜻	오십 보 도망친 사람이 백 보 도망친 사람을 비웃음
깊은 뜻	오십 보 도망친 것이나 백 보 도망친 것이나, 조금 낫고 못한 차이는 있지만 본질적으로 차이가 없다는 뜻이에요.
고사성어로 말하기	너나 나나 잘못하기는 오십보백보야. 65점이나 70점이나 오십보백보다.

비슷한 말	大대 同동 小소 異이 큰 **대** 한가지 **동** 작을 **소** 다를 **이** 거의 같고 다른 점이 별로 없다는 뜻이에요.

온고지신
溫故知新

공자가 말했습니다.

"옛것을 복습하여 새것을 알면 남의 스승이 될 만하다."

남의 스승이 되고자 하는 사람은 옛 학문을 되풀이하여 연구하고, 현실을 처리할 수 있는 새로운 학문을 이해하여야 한다는 말입니다.

또한 역사와 옛것을 배울 때에, 옛것과 새것 중 어느 한 쪽에만 치우쳐서는 안 된다는 말입니다.

전통적인 것이나 새로운 것을 고루 알아야 한다는 것이지요.

溫	故	知	新
익힐 **온**	옛 **고**	알 **지**	새로울 **신**

바로 뜻	옛것을 익히고 새것을 앎
깊은 뜻	옛것을 올바로 익히고 되풀이하여 연구하여야 그것을 바탕으로 새로운 것을 알 수 있다는 말이에요.
고사성어로 말하기	온고지신이라고, 고전을 읽는 것은 무엇보다 중요하다. 우리 전통문화를 이어 가는 사람들을 보며 온고지신의 정신을 배운다.
비슷한 말	博박 古고 知지 今금 넓을 **박** 옛 **고** 알 **지** 이제 **금** 옛것을 널리 알면 오늘날의 일도 알게 된다는 뜻이에요.

ㅇ

와신상담
臥薪嘗膽

춘추 시대 월나라 왕 구천과 싸워 크게 패한 오나라 왕 합려는 죽음을 앞두고 아들인 부차에게 반드시 원수를 갚으라고 유언했습니다.

왕이 된 부차는 아버지의 유언을 받들려 땔감 위에서 잠을 자고(와신), 신하들에게 외치게 했습니다.

"부차야, 월왕 구천이 아버지를 죽였다는 것을 잊어서는 안 된다!"

이처럼 부차가 밤낮없이 복수를 준비하는 것을 알게 된 구천은 먼저 공격을 했습니다. 그러다 크게 져 회계산으로 도망쳤다가, 부차에게 신하가 될 것을 맹세하고 항복했습니다.

간신히 살아 돌아온 구천은 항상 곁에 쓸개를 두고 그 쓴맛을 보며(상담) 복수를 하리라 다짐했습니다.

그로부터 20년 후 구천은 오나라를 공격하여 마침내 승리하고, 회계산에서의 치욕을 씻었습니다.

臥 薪 嘗 膽

臥	薪	嘗	膽
누울 **와**	땔나무 **신**	맛볼 **상**	쓸개 **담**

바로 뜻	땔감 위에서 잠자고 쓸개를 씹음
깊은 뜻	원수를 갚거나 마음먹은 일을 이루기 위해 온갖 괴로움을 참고 견디는 것을 말해요.
고사성어로 말하기	만년 꼴찌 팀이 와신상담 끝에 드디어 승리를 거두었다.

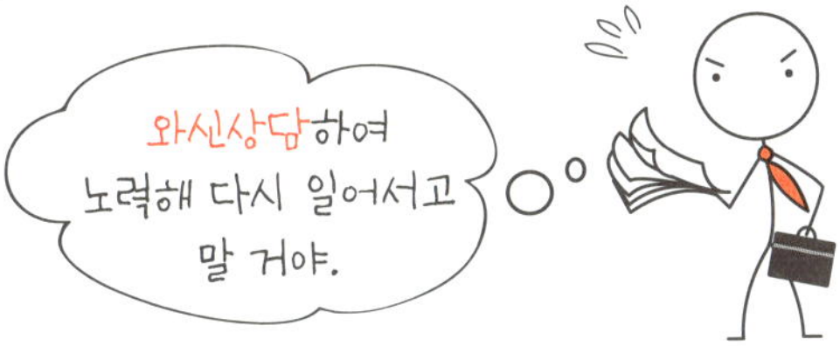

비슷한 말

會회 稽계 之지 恥치

모일 **회** 상고할 **계** 어조사 **지** 부끄러울 **치**

'회계산에서 받은 치욕'이라는 뜻으로, 전쟁에서 진 치욕, 또는 마음 깊이 새겨 있는 치욕을 비유적으로 이르는 말이에요.

용두사미
龍頭蛇尾

송나라에 진존자라는 스님이 있었습니다. 불교에서는 다른 스님을 상대로 종교상의 깨달음에 대해 질문과 답을 나누는 선문답을 합니다. 진존자도 여행을 하다 만난 스님에게 문답을 시작했습니다. 그러자 갑자기 상대방이 "으악!" 하면서 큰소리를 쳤습니다.

"이런, 저 스님에게 당했는걸."

진존자가 투덜대자 상대방은 다시 한 번 큰소리를 쳤습니다. 그 스님은 호흡이 깊은 걸로 보아 수양을 많이 쌓은 것처럼 보였지만, 자세히 보니 어쩐지 수상했습니다.

'이 중이 그럴듯해 보이지만 참으로 도를 깨친 것 같지는 않아. 용의 머리에 뱀의 꼬리가 아닐까 싶은데.'

진존자는 상대방에게 물었습니다.

"이봐요, 그렇게 큰소리만 쳐 대고, 문답은 어떻게 마무리할 셈이오?"

상대 스님은 슬그머니 입을 다물어 버렸답니다.

龍	頭	蛇	尾
용 **용**	머리 **두**	뱀 **사**	꼬리 **미**

바로 뜻

머리는 용, 꼬리는 뱀

깊은 뜻

시작은 그럴듯하지만 갈수록 나빠져 끝은 보잘것 없는 것을 말해요.

고사성어로 말하기

- 지수가 회장이 되면 여러 가지를 바꾸겠다고 했지만 용두사미로 흐지부지되었다.
- 용두사미로 끝나지 않게 계획을 철저하게 세워야 해.

비슷한 말

有 유	頭 두	無 무	尾 미
있을 **유**	머리 **두**	없을 **무**	꼬리 **미**

머리는 있어도 꼬리가 없다는 뜻으로, 일이 흐지부지 끝나 버리는 것을 말해요.

반대말

始 시	終 종	一 일	貫 관
비로소 **시**	마칠 **종**	한 **일**	꿸 **관**

어떤 일을 처음부터 끝까지 한결같이 하는 것을 말해요.

우공이산
愚公移山

태행산과 왕옥산 사이에 우공이라는 90세 노인이 살고 있었습니다. 큰 산 때문에 교통이 불편하자 우공은 가족들에게 말했습니다.

"저 두 산을 깎아 없애고 길을 내겠다."

그러자 아내가 반대하며 말했습니다.

"저 큰 산을 당신이 어떻게 깎아 없앤단 말이에요!"

하지만 우공은 세 아들과 손자들까지 데리고 돌을 깨고 흙을 파기 시작했습니다.

"내가 죽으면 아들이 하고, 아들이 죽으면 손자가 하고…. 그렇게 하다 보면 언젠가는 산이 평평해지겠지."

두 산을 지키는 신은 이 말을 듣고 깜짝 놀랐습니다. 그래서 옥황상제에게 찾아가 자기들이 있을 곳이 없어질 형편이라며 호소했습니다.

그러자 우공의 우직함에 감동한 옥황상제는 두 산을 각각 다른 땅에 옮겨 놓았습니다.

愚 公 移 山

愚	公	移	山
어리석을 **우**	귀인 **공**	옮길 **이**	뫼 **산**

바로 뜻

우공이 산을 옮김

깊은 뜻

한 가지 일을 꾸준히, 끝까지 밀고 나가면 반드시 목적을 이룰 수 있다는 말이에요.

고사성어로 말하기

우공이산처럼 묵묵히 일하는 사람들을 본받아야 한다.

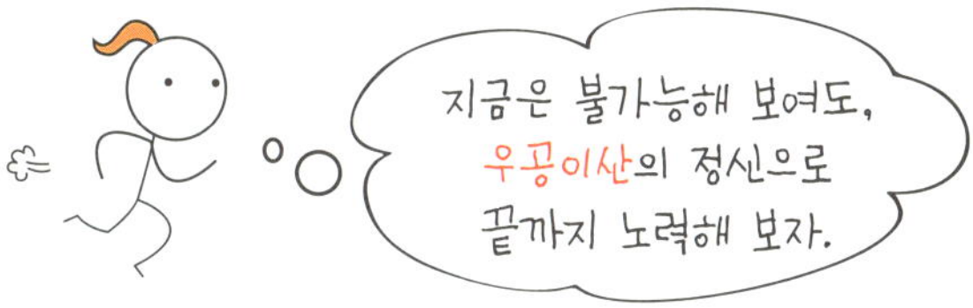

비슷한 말

積 적 土 토 成 성 山 산

쌓을 **적** 흙 **토** 이룰 **성** 뫼 **산**

흙이 쌓여 산이 된다는 말로, 작거나 적은 것도 쌓이면 크게 되거나 많아진다는 뜻이에요.

유비무환
有備無患

진나라 도공에게는 사마위강이라는 유능한 신하가 있었는데, 그는 법을 엄격히 적용하는 사람이었습니다.

어느 해 진나라가 정나라를 도와 전쟁을 끝내자, 정나라는 도공에게 감사의 뜻으로 값진 보물과 여인들을 보내왔습니다. 도공은 이것을 사마위강에게 선물하려고 했습니다.

하지만 사마위강은 선물을 돌려보내며 말했습니다.

"편안할 때에 위태로울 때를 생각하십시오. 위태로운 때를 생각하여 언제나 준비해야 하며, 충분한 준비가 되어 있으면 근심할 일이 없을 것입니다."

도공은 위강의 남다른 식견에 감탄하며 여인들을 정나라로 돌려보냈습니다.

그리고 이러한 사마위강의 도움으로 마침내 천하를 통일하게 되었습니다.

有	備	無	患
있을 **유**	갖출 **비**	없을 **무**	근심 **환**

바로 뜻

준비하면 근심이 없음

깊은 뜻

미리 준비하면 후에 걱정이 없다는 뜻이에요.

고사성어로 말하기

유비무환의 자세로 경비를 철저히 해라.

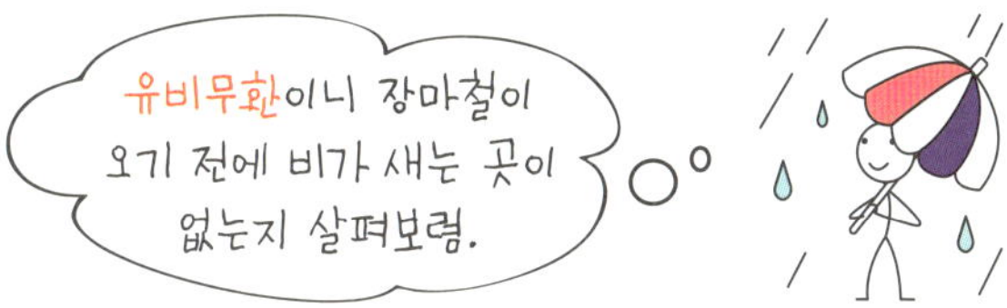

비슷한 말

安안 居거 危위 思사

편안할 **안** 살 **거** 위태할 **위** 생각 **사**

편안한 때일수록 위험이 닥칠 때를 미리 대비해야 한다는 말이에요.

반대말

死사 後후 藥약 方방 文문

죽을 **사** 뒤 **후** 약 **약** 모 **방** 글월 **문**

죽은 뒤에 약방문(약의 이름과 분량을 쓴 종이)을 쓴다는 뜻으로, 이미 때가 늦어 대책을 세우거나 후회해도 소용없다는 말이에요.

이심전심
以心傳心

석가모니는 제자인 가섭에게 말이나 글을 통해서가 아니라 '이심전심'의 방법으로 불교를 가르쳤습니다.

어느 날 석가모니가 제자들을 불러 모았습니다. 그리고 손가락으로 연꽃 한 송이를 집어 들고 아무 말도 하지 않은 채 꽃을 비틀어 보였습니다. 제자들은 모두 어리둥절했습니다. 하지만 가섭은 그 뜻을 깨닫고 빙그레 웃음을 지었습니다.

그러자 석가모니가 말했습니다.

"나에게는 인간이 원래 갖추고 있는 마음의 덕과 번뇌를 벗어나 진리에 도달한 마음, 불변의 진리와 진리를 아는 마음이 있다. 이것을 너에게 마음에서 마음으로 전하노라."

以	心	傳	心
써 **이**	마음 **심**	전할 **전**	마음 **심**

바로 뜻	마음으로 마음을 전함
깊은 뜻	마음과 마음이 통해, 말을 하지 않아도 서로 뜻이 통한다는 말이에요.
고사성어로 말하기	경수와 성진이는 이심전심으로 마음이 통하는 친구다. 혜린이는 정수가 좋았다. 이심전심으로 정수도 혜린이를 좋아하고 있었다.
비슷한 말	拈염 華화 示시 衆중 집을 **염** 빛날 **화** 보일 **시** 무리 **중** 꽃을 따서 무리에게 보인다는 뜻으로, 말이나 글로 하지 않고 마음으로 뜻을 전하는 것을 말해요. 心심 心심 相상 印인 마음 **심** 마음 **심** 서로 **상** 도장 **인** 마음에서 마음으로 전한다는 뜻으로, 말이 없는 가운데 서로 마음이 통하는 것을 말해요.

일거양득
一擧兩得

노나라에 변장자라는 힘센 장사가 있었습니다. 어느 날 변장자가 여관에서 묵고 있는데, 밤이 깊자 밖이 소란해졌습니다.

"호랑이가 나타났다!"

사람들은 허둥지둥 두려움에 떨고 있었습니다. 변장자는 당장 호랑이를 잡으러 나갈 채비를 했습니다. 그러자 옆에 있던 사람이 말리면서 말했습니다.

"지금 호랑이 두 마리가 나타나 서로 소를 차지하려고 싸우고 있습니다. 잠시 후면 한 마리는 죽고, 한 마리는 상처를 입을 것입니다. 그때 나가 상처 입은 하나를 잡으면, 한 마리만 잡고도 두 마리를 잡게 되는 것 아니겠습니까."

그 말을 듣고 변장자는 호랑이들의 싸움이 끝나기를 기다렸다가 상처 입고 지친 호랑이를 잡았습니다. 힘들이지 않고 한꺼번에 호랑이 두 마리를 잡게 된 것입니다.

一	擧	兩	得
한 **일**	들 **거**	두 **양(량)**	얻을 **득**

바로 뜻

한 가지 일로 둘을 얻음

깊은 뜻

한 가지 일로써 두 가지 이익을 한꺼번에 얻는다는 말이에요.

고사성어로 말하기

- 일등해서 기분 좋은데 선물까지 받으니 일거양득이네.
- 저 배우는 새 영화를 통해 인기도 얻고 돈도 많이 벌었으니 일거양득이다.

비슷한 말

一일 石석 二이 鳥조

한 **일** 돌 **석** 두 **이** 새 **조**

한 개의 돌을 던져 두 마리 새를 맞혀 떨어뜨린다는 뜻으로, 한 가지 일을 해서 두 가지 이익을 얻는다는 말이에요.

일망타진
一網打盡

송나라 인종 때 두연이라는 강직한 사람이 재상 자리에 올랐습니다.

당시에는 임금이 조서를 내릴 때, 신하들과 상의하지 않고 자기 마음대로 하는 경우가 많았습니다. 두연은 이것이 올바르지 않다고 생각하여, 임금의 조서가 내려오면 수십 장이 쌓이기를 기다렸다가 되돌려 보내곤 했습니다.

사람들은 두연을 비난했고, 인종 역시 언짢아했습니다.

그 무렵 두연의 사위가 공금을 횡령하여 붙잡혔습니다.

그러자 두연을 못마땅히 여기던 왕공진은 관계된 사람들을 모두 옥에 가두고 기뻐 말했습니다.

"범인들을 일망타진했다!"

두연은 이 사건으로 재상 자리에 오른 지 70일 만에 물러나고 말았습니다.

一	網	打	盡
한 **일**	그물 **망**	칠 **타**	다할 **진**

바로 뜻

한 번 그물을 쳐서 물고기를 다 잡음

깊은 뜻

어떤 무리를 한꺼번에 모두 잡는다는 말이에요.

고사성어로 말하기

- 우리 배들을 괴롭혀 온 해적들이 일망타진 되었다.
- 경찰은 일주일 잠복 끝에 범인들을 일망타진했다.

비슷한 말

網[망] 打[타]

그물 **망** 칠 **타**

어떤 무리를 한꺼번에 모두 잡는다는 말이에요.

전전긍긍
戰戰兢兢

『시경』은 유교 경전 중 하나로, 중국에서 가장 오래된 시집입니다. 『시경』의 '소민'이라는 시의 마지막 구절에 전전긍긍이라는 말이 나옵니다.
이 시는 나라를 잘못되게 하는 정치가 못마땅해 한탄하는 내용입니다.

감히 맨손으로 호랑이를 잡지 못하고
감히 걸어서 강을 건너지 못한다
사람들은 그 하나는 알지만
그 밖의 것들은 알지 못하네
두려워서 벌벌 떨며 조심하기를(전전긍긍)
마치 깊은 연못에 임한 것 같이 하고
살얼음 밟듯이 해야 하네.

戰	戰	兢	兢
싸울 **전**	싸울 **전**	삼갈 **긍**	삼갈 **긍**

바로 뜻

두려워 떨며 조심함

깊은 뜻

전전이란 겁을 먹고 떠는 모양을, 긍긍은 몸을 삼가고 조심하는 것을 말해요. 위기감에 절박해진 심정을 비유한 말이에요.

고사성어로 말하기

- 그렇게 전전긍긍하지 말고 잘못한 것이 있으면 털어놔.
- 동수는 어제 꾀병으로 조퇴한 것을 엄마가 알까 봐 전전긍긍한다.

비슷한 말

小 소	心 심	翼 익	翼 익
작을 **소**	마음 **심**	날개 **익**	날개 **익**

세심하고 조심성이 많다는 뜻으로, 마음이 작고 약하여 작은 일에도 겁내는 모양을 말해요.

전화위복
轉禍爲福

전국 시대에 한·위·조·연·제·초의 여섯 나라가 동맹을 맺어 소진이 재상을 맡고 있을 때였습니다.

제나라가 연나라의 성을 빼앗자 연나라 왕이 소진을 불러 말했습니다.

"당신의 말대로 다섯 나라와 동맹을 맺었는데, 이게 무슨 일이오? 당장 우리 땅을 되찾게 해 주시오."

소진은 곧바로 제나라 왕을 찾아가 말했습니다.

"연나라는 강대국인 진나라와 가까운데, 제나라가 연나라 땅을 빼앗았으니 진나라와 원수가 될 것입니다. 옛날에 일을 잘 처리하는 사람은 화를 바꾸어 복이 되게 했고(전화위복), 실패한 것을 바꾸어 공으로 만든다고 하였습니다. 지금이라도 연나라 땅을 돌려준다면 연나라는 물론 진나라와도 평화롭게 지낼 수 있을 것입니다."

소진의 말을 듣고 제나라 왕은 빼앗은 땅을 돌려주었습니다.

轉 禍 爲 福

轉	禍	爲	福
바꿀 **전**	재앙 **화**	할 **위**	복 **복**

바로 뜻

재앙이 바뀌어 복이 됨

깊은 뜻

불행한 일이나 실패라도 끊임없는 노력과 강한 의지로 힘쓰면 행복으로 바꿀 수 있다는 뜻이에요.

고사성어로 말하기

작가 나다니엘 호손은 직장인 세관에서 쫓겨난 것이 전화위복이 되어 '주홍 글씨'라는 명작을 남겼다.

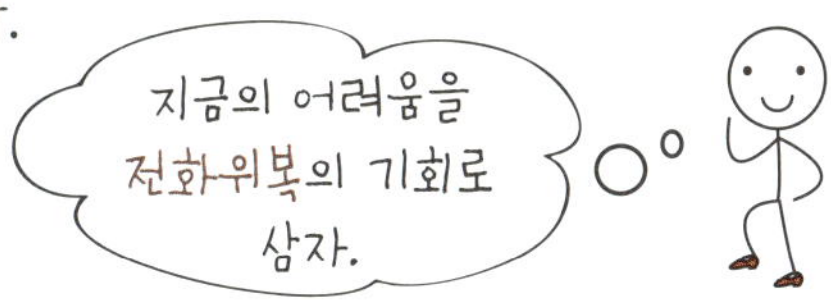

비슷한 말

塞[새] 翁[옹] 之[지] 馬[마]

변방 **새** 늙은이 **옹** 어조사 **지** 말 **마**

인생의 길흉화복은 늘 바뀌어 변화가 많다는 뜻이에요.

조강지처
糟糠之妻

후한 광무제 때의 송홍은 온후하고도 강직한 사람이었습니다.

어느 날, 광무제는 홀로된 누나인 호양공주에게 신하 중 어떤 사람에게 마음이 있는지 물었습니다. 그러자 호양공주는 부끄러운 얼굴로 위엄 있는 풍모와 덕을 갖춘 송홍을 칭찬했습니다.

며칠 후 광무제는 송홍을 불러 넌지시 물었습니다.

"옛말에 신분이 귀해지면 천할 때의 친구를 버리고, 부유해지면 가난할 때의 아내를 바꾼다는데, 어떻게 생각하시오?"

임금의 말에 송홍은 서슴지 않고 대답했습니다.

"폐하, 신은 가난하고 비천한 때에 사귄 벗은 잊으면 안 되고, 지게미와 쌀겨를 먹으며 고생한 아내(조강지처)는 쫓아내면 안 된다고 들었습니다."

이 말을 들은 광무제와 호양공주는 크게 실망했습니다.

糟	糠	之	妻
지게미 **조**	겨 **강**	어조사 **지**	아내 **처**

바로 뜻

지게미와 쌀겨로 끼니를 이어 가며 고생을 함께해 온 아내

깊은 뜻

몹시 가난하고 어려울 때에 고생을 함께 겪어 온 아내를 말해요.

고사성어로 말하기

- 사업에 실패했지만 조강지처와 함께 있으니 용기를 갖게 된다.
- 인생에서 조강지처만큼 좋은 친구는 없다.

관련 사자성어

賢 현	母 모	良 양	妻 처
어질 **현**	어미 **모**	어질 **양**(량)	아내 **처**

어진 어머니이자 착한 아내를 말해요.

조삼모사
朝三暮四

송나라의 저공은 원숭이를 사랑해 원숭이를 정성껏 기르고 있었습니다.

그런데 시간이 흘러 그 수가 점점 늘어나자 먹이를 구하는 것이 힘들어졌습니다.

그러자 저공이 원숭이들에게 말했습니다.

"앞으로 너희들에게 주는 도토리를 아침에 세 개, 저녁에 네 개씩 주려고 한다. 어떻게 생각하느냐?"

그러자 원숭이들은 펄펄 뛰며 화를 냈습니다.

"아침에 세 개를 먹고는 배가 고파 못 견뎌요!"

그러자 저공이 다시 말했습니다.

"그러면 도토리를 아침에 네 개, 저녁에 세 개를 주면 어떻겠니?"

원숭이들은 모두 기뻐 박수를 쳤습니다.

朝	三	暮	四
아침 **조**	석 **삼**	저물 **모**	넉 **사**

바로 뜻

아침에 세 개, 저녁에 네 개

깊은 뜻

당장 눈앞에 보이는 차이만 알고 결과가 같은 것을 모르는 어리석음을 비유한 말이에요. 간사한 꾀로 남을 속이는 것을 말하기도 하지요.

고사성어로 말하기

- 조삼모사 식의 잔꾀로 나를 속일 생각 마.
- 조삼모사처럼 눈앞의 이익만 따져서는 안 된다.

비슷한 말

朝[조] 三[삼]

아침 **조** 석 **삼**

조삼모사와 같이 간사한 꾀로 남을 속이는 것을 말해요.

죽마고우
竹馬故友

진나라의 간문제는 세력을 키우고 있는 환온을 견제하려고 은호를 뽑아 썼습니다. 은호는 환온의 어릴 적 친구로, 학식과 재능이 뛰어났습니다. 은호가 벼슬길에 나오자 두 사람은 서로를 적으로 생각하고 미워했습니다.

이때 중원 땅을 되찾기 위해 은호가 장군이 되어 군사를 이끌고 전쟁터로 나갔습니다. 그러나 가는 도중 말에서 떨어지는 바람에 제대로 싸워 보지도 못하고 크게 지고 말았습니다. 환온은 은호를 비방하는 상소를 올려 그를 귀양 보냈습니다. 그리고 사람들에게 말했습니다.

"은호는 어릴 때 나와 같이 죽마를 타고 놀던 친구(죽마고우)였지만, 내가 죽마를 버리면 은호가 그것을 가져가곤 했지. 그러니 그가 내 밑에서 머리를 숙이는 것이 마땅하지 않은가."

환온이 끝까지 용서해 주지 않아 은호는 귀양지에서 숨을 거두고 말았습니다.

竹	馬	故	友
대 죽	말 마	옛 고	벗 우

바로 뜻

대나무 말을 타고 놀던 어릴 적 친구

깊은 뜻

어렸을 때부터 함께 놀며 자란 오랜 친구를 말해요.

고사성어로 말하기

- 죽마고우도 말 한마디에 갈라진다.
- 오늘 아버지의 죽마고우라는 친구분이 찾아오셨다.

비슷한 말

蔥총 竹죽 之지 交교

파 **총** 대 **죽** 어조사 **지** 사귈 **교**

파피리를 불면서 대나무로 만든 말을 타고 놀던 사이라는 뜻으로, 어릴 적부터 사귄 친구 사이를 말해요.

중구난방
衆口難防

주나라 여왕이 백성들을 탄압하는 정책을 펼치자 소공이 왕에게 말했습니다.

"백성의 입을 막는 것은 개천을 막는 것보다 어렵습니다. 개천이 막혔다가 터지면 사람들이 많이 다치게 됩니다. 백성들도 마찬가지입니다. 그러므로 개천을 다스리는 사람은 물이 흘러내리도록 하고, 백성을 다스리는 사람은 그들이 생각하는 대로 말을 하게 해야 합니다."

하지만 여왕은 소공의 말을 귀담아듣지 않았습니다.

결국 불만에 가득 찬 백성들은 난리를 일으켰고, 여왕은 백성들에게 쫓기어 평생 갇혀 지냈습니다.

衆	口	難	防
무리 **중**	입 **구**	어려울 **난**	막을 **방**

바로 뜻

여러 사람의 입을 막기 어려움

깊은 뜻

막기 어려울 정도로 여럿이 마구 떠들어 대는 것을 말해요. '마구 떠듦'이라고 쓰는 것이 좋아요.

고사성어로 말하기

- 선생님이 교실에서 나가자 아이들이 중구난방으로 떠들기 시작했다.
- 반상회에 모인 아주머니들이 중구난방으로 자기 의견을 쏟아 냈다.

함께 알아 보기

有 유	口 구	無 무	言 언
있을 **유**	입 **구**	없을 **무**	말씀 **언**

입은 있지만 말이 없다는 것으로, 변명할 말이 없는 것을 뜻해요.

지피지기백전불태
知彼知己百戰不殆

『손자』는 전국 시대에 편찬된 병법서입니다. 이 책을 쓴 손자는 전쟁에 이기기 위한 전술을 써 놓았습니다.

손자는 적에게 이기기 위한 첫 번째 요소로, 싸워야 할 때와 싸워서는 안 될 때를 알아야 한다고 했습니다. 그러고 나서 병력의 많고 적음에 따른 용병법, 장수와 병사의 심리 상태, 전쟁 대비성, 장수에 대한 군주의 신뢰 등을 이야기했습니다.

그리고 다음과 같이 결론을 내렸습니다.

"적을 알고 나를 알면 백 번을 싸워도 결코 위태롭지 않다. 적을 알지 못하고 나만 알면 한 번은 이기고 한 번은 지게 될 것이며, 적을 알지 못하고 나도 알지 못하면 싸울 때마다 반드시 위태롭게 될 것이다."

상황을 철저히 분석하지 않으면 싸워도 위험에 빠질 수밖에 없다는 것이지요.

知 彼 知 己 百 戰 不 殆

知	彼	知	己	百	戰	不	殆
알 **지**	저 **피**	알 **지**	자기 **기**	일백 **백**	싸움 **전**	아닐 **불**	위태할 **태**

바로 뜻

상대를 알고 나를 알면 백 번 싸워도 위태롭지 않음

깊은 뜻

상대방과 나의 약점과 강점을 충분히 알고 승산이 있을 때 싸움에 임하면 반드시 이길 수 있다는 말이에요.

고사성어로 말하기

- 지피지기백전불태라고, 적의 군사력을 잘 파악해야 전쟁에서 승리할 수 있다.
- 지피지기백전불태이니, 상대방 선수의 장점과 단점을 잘 파악해 경기에 대비해야 한다.

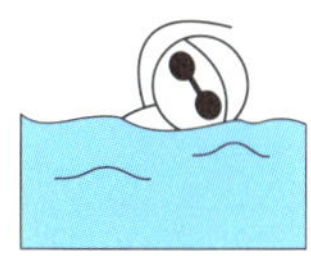

비슷한 말

知지 彼피 知지 己기 百백 戰전 百백 勝승

알 **지** 저 **피** 알 **지** 자기 **기** 일백 **백** 싸울 **전** 일백 **백** 이길 **승**

상대를 알고 나를 알면 백 번 싸워도 백 번 이긴다는 말이에요. 이 말은 본디 없는 말로 '知彼知己白戰不殆(지피지기백전불태)'에서 나왔어요.

천고마비
天高馬肥

'천고마비'는 '추고새마비(秋高塞馬肥)'에서 온 것으로, 당나라 시인 두심언의 시에서 나온 말입니다.

두심언은 중국의 대시인 두보의 할아버지로, 젊어서부터 글로 이름을 떨쳐 '문장사우(文章四友)'의 한 사람으로 불렸습니다.

그의 시 중 다음은 군에 가 멀리 떨어져 있는 친구가 하루빨리 돌아오기를 바라며 지은 것입니다.

구름은 깨끗한데 요사스런 별이 떨어지고
가을 하늘이 높으니 변방의 말이 살찌는구나(추고새마비)
말안장에 걸터앉아 영웅의 칼을 움직이고
붓을 휘두르니 격문이 날아온다.

天	高	馬	肥
하늘 **천**	높을 **고**	말 **마**	살찔 **비**

바로 뜻	하늘은 높고 말은 살찜
깊은 뜻	가을은 하늘이 맑아 높푸르고, 온갖 곡식이 익는 좋은 계절이라는 뜻이에요.
고사성어로 말하기	천고마비의 계절 가을의 들녘은 풍요롭다.

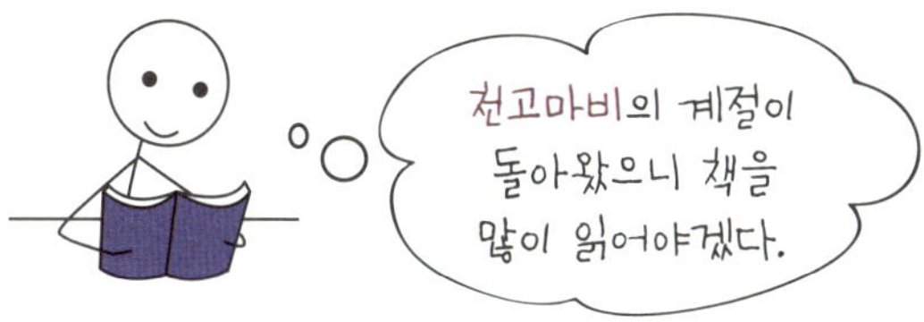

비슷한 말

秋추 高고 馬마 肥비

가을 **추** 높을 **고** 말 **마** 살찔 **비**

가을이 깊어 감에 따라 하늘이 높아지고 말이 살찐다는 뜻으로, 좋은 계절인 가을을 뜻하는 말이에요.

ㅈ~ㅊ

천의무봉
天衣無縫

하늘나라의 직녀가 땅에 사는 곽한이라는 청년을 사랑하게 되었습니다. 직녀는 하느님의 허락을 받고 밤마다 땅으로 내려와 곽한을 만났습니다.

어느 날, 직녀는 하늘나라의 음식을 가져다주었습니다.

"세상에, 이런 음식은 처음 봅니다. 맛도 이렇게 좋을 수가 없네요."

곽한은 눈이 휘둥그레졌습니다.

그리고 직녀를 바라보니, 직녀의 옷에는 꿰맨 자리가 하나도 없었습니다.

"당신의 옷은 어떻게 꿰맨 자리가 없지요?"

"하늘나라 옷은 바늘과 실로 바느질해 만들지 않기 때문이지요."

"아, 정말 눈이 부실 만큼 아름답군요!"

여기에서 비롯되어 어떤 작품이 조금의 흠도 없이 훌륭하게 만들어졌을 때 '천의무봉'이란 말을 쓴답니다.

天 衣 無 縫

天	衣	無	縫
하늘 **천**	옷 **의**	없을 **무**	꿰맬 **봉**

바로 뜻

하늘나라 옷엔 꿰맨 자국이 없음

깊은 뜻

일부러 꾸민 데 없이 자연스럽고 아름다우면서 완전한 것을 이르는 말이에요. 완전무결하여 흠이 없음을 말해요.

고사성어로 말하기

- 나리가 쓴 천의무봉의 작품이 대상을 받았다.
- 태진이의 그림은 천의무봉의 솜씨를 뽐냈다.

비슷한 말

完완 璧벽

완전할 **완** 구슬 **벽**

결점이나 부족한 것이 없는 것을 말해요.

천재일우
千載一遇

동진의 학자 원굉은 여러 문집에 시문 300여 편을 남겼는데, 그중 「삼국 명신서찬」이 유명합니다. 이 글들 중 위나라의 순문약을 칭찬한 글에서 원굉은 다음과 같은 글을 남겼습니다.

> 무릇 백락을 만나지 못하면 천 년이 지나도 천리마 한 필 찾아내지 못한다.

그리고 어진 임금과 실력 있는 신하의 만남이 결코 쉽지 않다며 다음과 같이 말했습니다.

> 무릇 만 년에 한 번 기회를 만나는 것은 이 세상 법칙이며, 천 년에 한 번의 만남은 어진 임금과 실력 있는 신하의 진귀한 만남이다.

千	載	一	遇
일천 **천**	실을 **재**	한 **일**	만날 **우**

바로 뜻	천 년에 한 번 만남
깊은 뜻	좀처럼 만나기 힘든 좋은 기회를 말해요.

고사성어로 말하기

골문 앞에서 공을 받아 든 영재는 천재일우의 기회를 맞았다.

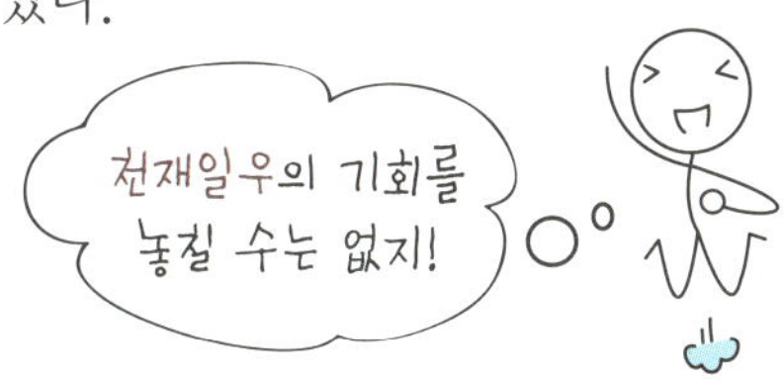

비슷한 말

千천 歲세 一일 時시

일천 **천** 해 **세** 한 **일** 때 **시**

천 년에 한때라는 뜻으로, 다시 맞이하기 어려운 좋은 기회를 말해요.

청천벽력
靑天霹靂

남송의 시인 육유는 65세에 은퇴하여 농촌에서 지내면서 많은 시를 지었습니다. '청천벽력'이란 말은 육유의 「9월 4일 계미명기작」에 나옵니다.

방옹이 병으로 가을을 지내고
홀연히 일어나 취하여 글을 쓰니
오래 움츠렸던 용과 같이
푸른 하늘에 벼락(청천벽력)을 치네.

방옹은 육유의 호입니다. 여름에서 늦가을까지 병과 싸우던 육유는 어느 날 병을 이겨 낸 것 같은 생각이 들어, 마치 술에 취하듯 흥겹게 붓을 놀리려 하였습니다. '용'은 자신을 나타내며, 그 기세는 용이 하늘로 올라갈 때 치는 우레와 같다고 표현했습니다.

靑	天	霹	靂
푸를 청	하늘 천	벼락 벽	벼락 력

바로 뜻	맑게 갠 하늘에서 갑자기 떨어지는 벼락
깊은 뜻	뜻밖에 일어난 큰 재앙이나 사고, 사건을 비유적으로 이르는 말이에요.
고사성어로 말하기	다슬이는 엄마가 암이라는 청천벽력 같은 소식을 듣고 울음을 터뜨렸다.
오늘날에는…	이 시에서 '청천벽력'은 붓놀림이 웅장하고 막힘이 없다는 뜻으로 쓰였어요. 하지만 오늘날에는 '마른하늘에 날벼락'이라는 말처럼 '뜻밖의 큰 변'을 뜻하는 말로 쓰이지요.

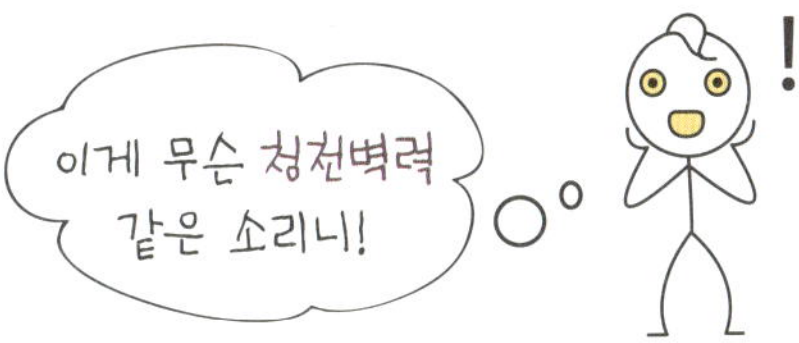

철면피
鐵面皮

왕광원은 학식이 풍부하고 재능도 많아 벼슬길에 올랐습니다. 그러나 출세를 위해서는 물불을 가리지 않고 아첨을 하였습니다. 다른 사람 앞에서도 부끄러운 줄 모르고 아첨을 일삼았습니다.

어느 날, 한 권력자가 술에 잔뜩 취해 왕광원을 때리려고 하자 왕광원은 기꺼이 맞겠다고 하였습니다. 그러자 권력가는 마구 매질을 하기 시작했습니다. 하지만 왕광원은 화를 내기는커녕 듣기 좋은 말만 늘어놓았습니다.

그러자 옆에서 보던 사람이 비웃으며 말했습니다.

"이런 일을 당하고도 가만히 있으니, 자네는 부끄럽지도 않은가!"

그러나 왕광원은 아무렇지도 않게 말했습니다.

"저 사람에게 잘 보여 나쁠 것이 없지 않은가."

이로부터 사람들은 왕광원을 '낯가죽이 열 겹 철갑처럼 두껍다'고 말했습니다.

鐵	面	皮
쇠 **철**	낯 **면**	가죽 **피**

바로 뜻

쇠로 만든 얼굴

깊은 뜻

염치가 없고 뻔뻔스러워 부끄러운 줄 모르는 사람을 뜻해요.

고사성어로 말하기

- 예의도 모르는 그런 철면피를 누가 좋아하겠어!
- 그런 철면피 같은 행동을 하고도 부끄럽지 않니?

비슷한 말

厚 후	顔 안	無 무	恥 치
두터울 **후**	낯 **안**	없을 **무**	부끄러울 **치**

얼굴이 두껍고 부끄러움이 없다는 뜻으로, 뻔뻔해서 부끄러워할 줄 모르는 것을 말해요.

청출어람
靑出於藍

전국 시대의 학자인 순자의 글에 다음과 같은 구절이 있습니다.

학문은 그쳐서는 안 된다
푸른색은 쪽에서 취했지만
쪽빛보다 더 푸르고
얼음은 물이 이루었지만
물보다도 더 차다.

학문은 끝이 없이 계속되는 것이므로 중도에 그쳐서는 안 된다는 말입니다. 푸른색이 쪽빛보다 푸르듯, 얼음이 물보다 차듯 학문 닦기를 계속하면 스승을 능가하는 제자도 나타날 수 있다는 뜻입니다.

靑	出	於	藍
푸를 청	날 출	어조사 어	쪽 람

바로 뜻

쪽에서 청색이 나옴

깊은 뜻

쪽에서 나온 푸른 물감이 쪽보다 더 푸르다는 뜻으로, 제자나 후배가 스승이나 선배보다 나음을 비유적으로 말해요.

고사성어로 말하기

청출어람이라더니 이제 선생님이 너에게 배워야겠구나!

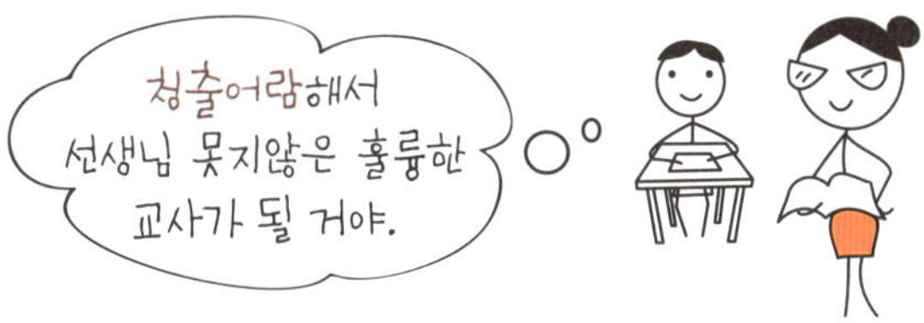

비슷한 말

後후 生생 角각 高고

뒤 후 날 생 뿔 각 높을 고

뒤에 난 뿔이 우뚝하다는 뜻으로, 제자나 후배가 스승이나 선배보다 뛰어남을 말해요.

타산지석
他山之石

『시경』의 '학명'이라는 시에 다음과 같은 글이 나옵니다.

즐거운 저 동산에는 박달나무 심겨 있고
그 밑에는 닥나무 있네
다른 산의 돌이라도(타산지석)
이로써 옥을 갈 수 있네.

여기서 돌은 소인에, 옥은 군자에 비유한 것입니다. 군자도 소인에 의해 수양과 학덕을 쌓아 나갈 수 있다는 말입니다.

他	山	之	石
다를 **타**	뫼 **산**	어조사 **지**	돌 **석**

바로 뜻

다른 산의 돌

깊은 뜻

다른 산의 나쁜 돌이라도 숫돌로 쓰면 자기의 옥돌을 가는 데 쓸 수 있다는 뜻으로, 본이 되지 않는 남의 말이나 행동도 자신의 지식과 인격을 닦는 데 도움이 될 수 있다는 말이에요.

고사성어로 말하기

- 미국 캘리포니아의 대규모 정전 사태를 타산지석으로 삼아 미리 대비를 해야 한다.
- 친구의 잘못을 타산지석 삼아 너는 그런 실수를 하지 않도록 해라.

함께 알아 보기

攻 공	玉 옥	以 이	石 석
칠 **공**	구슬 **옥**	써 **이**	돌 **석**

돌을 가지고 옥을 간다는 뜻으로, 하찮은 물건이라도 긴요하게 쓰인다는 말이에요.

토사구팽
兎死狗烹

월나라 왕 구천이 오나라를 정복하고 강력한 나라를 세우게 한 사람 중 하나가 범려입니다. 구천은 큰 공을 세운 범려와 문종을 높은 벼슬자리에 올려 주었습니다.

그러나 범려는 걱정되었습니다.

"왕은 어려운 시기를 함께할 수는 있지만, 영화를 함께 누릴 수 있는 사람은 아니야."

월나라를 떠나 제나라에 머문 범려는 문종을 염려하여 편지를 띄웠습니다.

> 새 사냥이 끝나면 좋은 활도 감추어지고
> 교활한 토끼를 잡고 나면 사냥개를 삶아 먹는다.

이러한 편지를 받고도 문종은 월나라를 떠나는 것을 주저했습니다. 그러다 결국 구천에게 의심을 받고 스스로 목숨을 끊고 말았습니다.

兎	死	狗	烹
토끼 **토**	죽을 **사**	개 **구**	삶을 **팽**

바로 뜻

토끼를 잡으면 사냥하던 개는 삶아 먹음

깊은 뜻

토끼가 죽으면 토끼를 잡던 사냥개도 필요 없게 되어 주인에게 삶아 먹힌다는 말로, 필요할 때는 요긴하게 쓰이지만 쓸모가 없어지면 헌신짝처럼 버려진다는 뜻이에요.

고사성어로 말하기

친구 사이에 네가 나를 토사구팽할 수가 있어?

비슷한 말

走주 狗구 烹팽

달릴 **주** 개 **구** 삶을 **팽**

사냥개를 삶아 죽인다는 말로, 전쟁이 끝나면 공을 세운 장군도 쓸모없는 사람으로 천대받는다는 뜻이에요.

파죽지세
破竹之勢

진나라 장군 두예는 오나라를 공격하기 전 작전 회의를 열었습니다. 한 장수가 나서서 말했습니다.

"지금 당장 오나라의 도읍을 공격하는 것은 무리입니다. 곧 봄비가 자주 내려 강물이 범람할 것이고, 언제 전염병이 돌지 모릅니다. 그러니 조금 기다렸다 겨울에 다시 공격하는 것이 어떻겠습니까?"

많은 장수들이 그 말에 찬성했지만 두예는 고개를 저었습니다.

"그건 안 되오. 지금 우리 군대의 사기는 '대나무를 쪼개는 기세(파죽지세)'요. 대나무란 처음 두세 마디만 쪼개면 그 다음부터는 칼만 닿아도 저절로 쪼개지지요. 이렇게 좋은 기회를 버릴 수는 없소."

두예는 그대로 오나라의 도읍으로 쳐들어가 승리를 거두었습니다. 그리고 진나라는 마침내 천하를 통일했습니다.

破	竹	之	勢
깨뜨릴 **파**	대 **죽**	어조사 **지**	기세 **세**

바로 뜻	대나무를 쪼개는 기세
깊은 뜻	세력이 강해 감히 상대할 적이 없다는 말이에요. 세력이 강해 걷잡을 수 없이 나아가는 모양을 뜻하지요.
고사성어로 말하기	우리 군대가 파죽지세로 중공군을 몰아냈다. 농구 대회에서 우리 학교가 파죽지세로 5연승을 해 우승을 거두었다.
비슷한 말	燎요 原원 之지 火화 뜰에 세운 횃불 **요**(료) / 언덕 **원** / 어조사 **지** / 불 **화** 무서운 기세로 타오르는 벌판의 불길이라는 뜻으로, 미처 막을 사이도 없이 퍼지는 세력을 뜻해요.

ㅌ~ㅎ

평지풍파
平地風波

중국의 시인 유우석은 지방의 관리로 있으면서 농민의 감정을 노래한 「죽지사」를 지었는데, 그 속에 이런 싯구가 나옵니다.

> 구당(양쯔 강 중류의 험한 산)은 시끄러이 열두 여울인데
> 사람들은 말한다네, 길이 예부터 어렵다고
> 한이 오래된 사람들의 마음은 물과 같지 않아서
> 예사로이 평지에 파란을 일으킨다.

구당에는 열두 개의 여울이 있어서 시끄럽게 물소리를 냅니다. 그러나 이 빠른 여울보다도 더 많이 한이 서린 사람의 마음은, 평지에 파란을 일으켜 세상사를 어렵게 만듭니다. 즉 물은 바닥이 가파른 곳에서만 큰 소리를 내지만, 사람들은 생각이 모자라 평지에서도 함부로 풍파를 일으켜 살아가는 데 어려움을 만든다는 것입니다.

平	地	風	波
평평할 **평**	땅 **지**	바람 **풍**	물결 **파**

바로 뜻	평평한 땅에 바람과 물결이 일어남
깊은 뜻	공연한 일을 만들어서 뜻밖에 분쟁을 일으키거나, 일을 어렵고 시끄럽게 만드는 것을 말해요.
고사성어로 말하기	조용하던 집안에 삼촌이 평지풍파를 일으켰다. 괜한 일로 평지풍파 만들지 말고, 조용히 참으렴.
비슷한 말	平 평 地 지 起 기 波 파 瀾 란 평평할 **평** 땅 **지** 일어날 **기** 물결 **파** 물결 **란** 평온한 곳에 파란을 일으킨다는 말로, 부질없이 분쟁을 일으키는 것을 말해요.

형설지공
螢雪之功

옛날 차윤은 책 읽기를 좋아하였습니다. 그러나 집이 가난하여 등불을 밝힐 기름 살 돈이 없었습니다.

어느 여름 밤, 밤에도 책을 읽고 싶었던 차윤의 눈에 저 멀리 반짝거리는 것이 보였습니다.

"그래, 반딧불이를 잡아서 주머니에 넣으면 그 빛으로 책을 읽을 수 있을 거야."

차윤은 반딧불이가 내는 빛에 의지해 책을 읽었고, 훗날 이부상서의 높은 벼슬에 올랐습니다.

손강 또한 책을 읽고 싶었지만, 기름을 살 돈이 없었습니다.

"어떻게 하면 밤에도 책을 읽을 수 있을까?"

고민하던 손강이 문을 열자 밖에는 눈이 소복이 쌓여 있었습니다. 손강은 그 환한 눈빛에 비추어 글을 읽었습니다.

그렇게 열심히 공부하여 훗날 어사대부의 벼슬에 올랐습니다.

螢	雪	之	功
반딧불이 **형**	눈 **설**	어조사 **지**	공 **공**

바로 뜻

반딧불과 눈으로 이룬 공

깊은 뜻

가난을 이겨 내며 반딧불과 눈빛에 글을 읽듯이, 고생 속에서도 꾸준히 공부하는 자세를 말해요.

고사성어로 말하기

- 형설지공의 노력을 기울이면 못 이룰 일이 없다.
- 형설지공의 이야기는 '뜻이 있는 곳에 길이 있다'는 것을 보여 준다.

비슷한 말

車차 螢형 孫손 雪설

수레 **차** 반딧불이 **형** 손자 **손** 눈 **설**

'차윤의 반딧불과 손강의 눈'이라는 뜻으로, 어려운 처지에서도 열심히 공부하는 것을 비유한 말이에요.

호가호위
狐假虎威

초나라에 소해휼이라는 재상이 있었습니다.

어느 날, 초나라 선왕은 신하들에게 물었습니다.

"북방 여러 나라가 소해휼을 두려워한다는데, 그 이유가 무엇인가?"

그러자 강을이라는 신하가 대답했습니다.

"전하, 호랑이가 여우 한 마리를 잡았습니다. 그러자 여우가 말했습니다. '하느님이 나를 동물의 왕으로 정하셨다. 그런데 네가 나를 잡아먹으면 하느님의 명령을 어기는 것이 되어 천벌을 받을 것이다. 내 말을 못 믿겠거든 내 뒤를 따라와 봐. 나를 보고 달아나지 않는 동물이 없을 테니.' 여우의 말대로 그 뒤를 따라가자 과연 만나는 동물마다 모두 달아나는 것이었습니다. 동물들을 두렵게 한 것은 호랑이였지만, 호랑이는 그것을 몰랐던 것이지요. 이와 같이 여러 나라가 두려워하는 것은 소해휼이 아니라 바로 초나라의 강한 힘이랍니다."

狐	假	虎	威
여우 호	빌릴 가	범 호	위엄 위

바로 뜻

여우가 호랑이의 위세를 빌림

깊은 뜻

능력이나 실력이 없는 사람이 남의 권세를 빌려 위세를 부리는 것을 말해요.

고사성어로 말하기

진실이는 부자 아버지를 믿고 호가호위하고 다닌다.

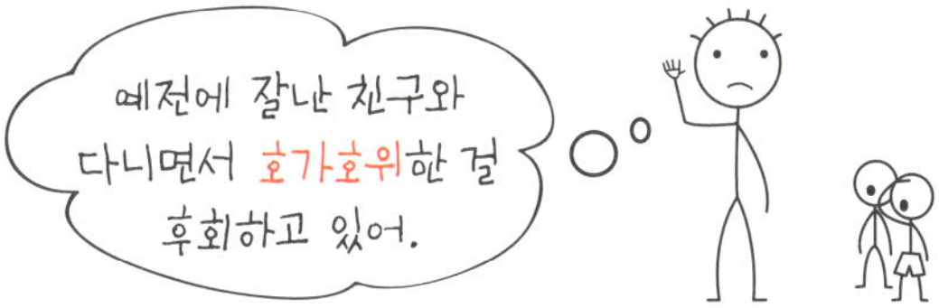

함께 알아 보기

사또 덕에 나팔 분다.

포숫집 강아지 범 무서운 줄 모른다.

남의 덕으로 당치도 않은 행세를 하거나, 그런 대접을 받고 우쭐대는 모양을 나타낸 속담이에요.

호연지기
浩然之氣

제자인 공손추가 맹자에게 물었습니다.

"선생님께서 제나라의 재상이 되어 도를 행하신다면 제나라는 천하의 우두머리 나라가 될 것입니다. 그런 생각을 하면 선생님 마음이 움직이시는지요?"

"나는 마흔이 넘으면서부터 마음이 동요하는 일이 없다."

"마음을 움직이지 않게 하는 방법이 무엇입니까?"

"바로 '용(勇)'이다. 마음속에 부끄러움이 없으면 두려울 것이 없지."

"선생님과 고자의 부동심(움직이지 않는 마음)은 어떻게 다릅니까?"

"고자는 이해되지 않는 말을 애써 이해하려고 하지 말라고 했지만, 나는 말을 알고 있으며 또한 호연지기도 기르고 있다. 호연지기란 평온하고 너그러운 기운으로 도와 정의에 잘 맞으니, 이런 호연지기를 기르면 무엇에도 굽히지 않는 도덕적 용기가 생기는 것이다."

浩	然	之	氣
넓을 **호**	그럴 **연**	어조사 **지**	기운 **기**

바로 뜻

바르고 큰 마음

깊은 뜻

공명정대하여 부끄러움 없는 용기, 잡다한 일에서 벗어난 자유로운 마음을 말해요.

고사성어로 말하기

이번 캠핑을 떠나며 호연지기를 기를 것을 다짐했다.

함께 알아 보기

호연지기란 하늘과 땅 사이에 가득 찬 넓고도 큰 기로, 도의에 뿌리를 두고 공명정대하여 조금도 부끄러움이 없는 도덕적 용기, 사물에서 해방되어 자유롭고 유쾌한 마음을 뜻해요.

홍일점
紅一點

당송8대가의 한 사람으로, 송나라의 문장가이자 학자인 왕안석의 「석류시」에 다음과 같은 구절이 있습니다.

> 온통 새파란 덤불 속에 핀 붉은 꽃 한 송이
> 사람의 마음을 들뜨게 하는 봄빛은 많은 것을 필요로 하지 않는다

여러 꽃들이 앞다투어 피어 있는 것보다 무성한 푸른 잎 사이에 어쩌다 피어 있는 한 송이 빨간 석류가 훨씬 사람의 눈과 마음을 끌지요. 이처럼 여성들의 사회생활에 제약이 많았던 시절에 많은 남성들 사이에 홀로 끼어 있는 여성을 나뭇잎 속에 파묻혀 있는 꽃에 비유해 홍일점이라고 표현했습니다.

紅 一 點

붉을 **홍** | 한 **일** | 점 **점**

바로 뜻	한 개의 붉은 점
깊은 뜻	푸른 잎 가운데 한 송이 꽃이 피어 있다는 뜻으로, 여럿 속에서 오직 이채를 띠는 하나 또는 많은 남자들 사이에 끼어 있는 단 한 명의 여자를 말해요.
고사성어로 말하기	은선이는 우리 과학반의 홍일점이다. 합창반이 무대에 오르자 홍일점인 미연이에게 학생들의 눈이 쏠렸다.
반대말	靑청 一일 點점 (푸를 **청** 한 **일** 점 **점**) 많은 여자 사이에 끼어 있는 한 사람의 남자를 비유적으로 뜻하는 말이에요.

환골탈태
換骨奪胎

송나라의 유명한 시인 황정견이 말했습니다.

"시의 뜻은 끝이 없지만 사람의 재주는 그 끝이 있다. 그 재주로 넓고 깊은 뜻을 표현하려면 유명한 시인 도연명이나 두보라 해도 어려울 것이다. 그 뜻을 바꾸지 않고 자기 말로 바꾸는 것을 '환골'이라 하고, 그 뜻을 가지고 형용하는 것을 '탈태법'이라고 한다."

환골이란 원래 약을 먹어 보통 사람들의 뼈를 신선의 뼈로 만드는 것을 말하며, 탈태는 시인의 시상이 마치 어머니의 태 안에 아기가 있는 것처럼 그 태를 자기 것으로 하여 훌륭한 작품을 만들어 내는 것을 말합니다.

따라서 '환골탈태'란 옛 시인들이 지은 시구를 자기의 시에 끌어다 쓰는 방법을 말하지요.

요즘은 용모나 차림새가 눈에 띄게 좋아졌을 때 사용한답니다.

換	骨	奪	胎
바꿀 **환**	뼈 **골**	빼앗을 **탈**	태 **태**

바로 뜻

뼈를 바꾸고 태를 벗김

깊은 뜻

옛사람의 시나 문장이 다른 사람의 손을 거쳐 더욱 아름답고 새로운 뜻의 글로 변하는 것을 말해요. 용모가 환하고 아름답게 변하여 딴사람처럼 되는 것을 말하기도 하지요.

고사성어로 말하기

코찔찔이 영수가 중학생이 되더니 환골탈태했구나!

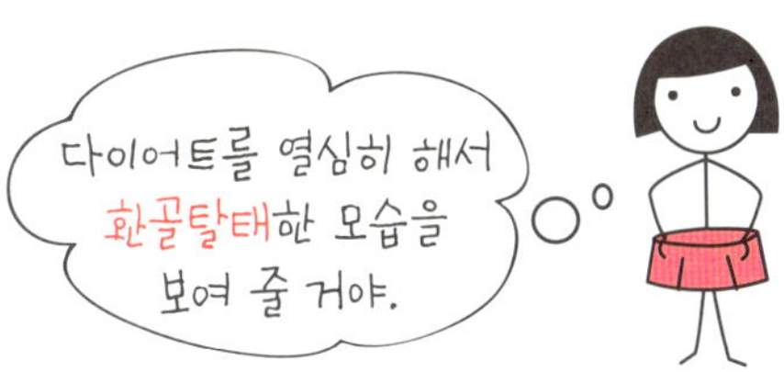

비슷한 말

日일 就취 月월 將장

날 **일** 나아갈 **취** 달 **월** 나아갈 **장**

날마다 달마다 성장하고 발전한다는 뜻이에요.